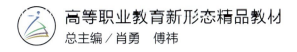

企业形象一体化设计

主编 赵阳 曹丽
副主编 祝桂红 祖儿 刘卓

INTEGRATION DESIGN OF CORPORATE IDENTITY

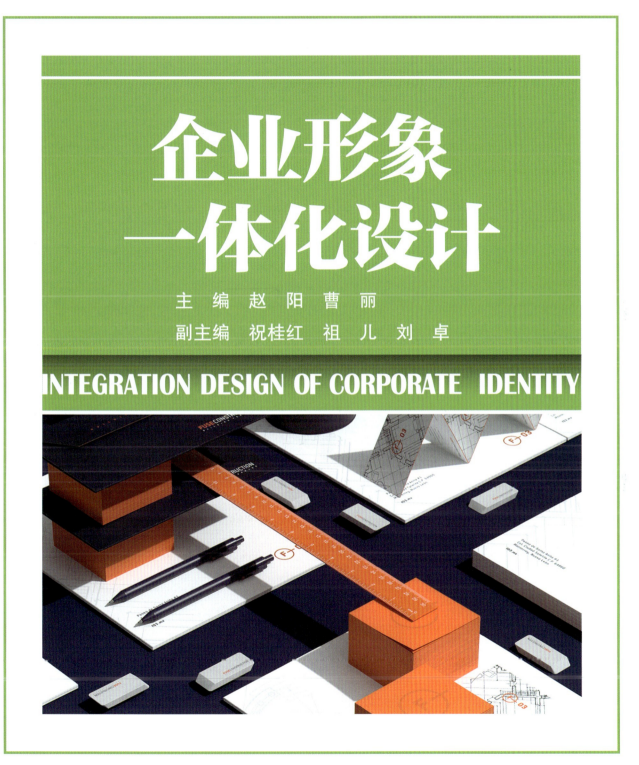

北京理工大学出版社
BEIJING INSTITUTE OF TECHNOLOGY PRESS

内 容 提 要

本书共两篇,一是理论篇,包括企业形象设计概述、企业理念识别系统——MI、企业行为识别系统——BI、企业视觉识别系统——VI、CI 的导入,该部分内容理论性较强,同时配以大量生动案例详解,可以帮助读者更好地掌握这部分知识。二是实训篇,该部分通过项目任务的形式展现,以 VI 设计的工作流程为线索展开。项目一是 VI 基础设计,项目二是 VI 应用设计,项目三是 VI 手册及 VI 树设计。本书为读者提供了微课视频、优秀视频案例,内容充实、生动。

本书可作为高等职业院校艺术设计类专业教材,也可作为设计爱好者的参考用书。

版权专有　侵权必究

图书在版编目(CIP)数据

企业形象一体化设计 / 赵阳,曹丽主编.—北京:北京理工大学出版社,2023.7重印
ISBN 978-7-5682-6822-6

Ⅰ.①企… Ⅱ.①赵…②曹… Ⅲ.①企业形象－设计 Ⅳ.①F272-05

中国版本图书馆CIP数据核字(2019)第041435号

出版发行 / 北京理工大学出版社有限责任公司
社　　址 / 北京市丰台区四合庄路 6 号院
邮　　编 / 100070
电　　话 / (010) 68914775(总编室)
　　　　　(010) 82562903(教材售后服务热线)
　　　　　(010) 68944723(其他图书服务热线)
网　　址 / http://www.bitpress.com.cn
经　　销 / 全国各地新华书店
印　　刷 / 河北鑫彩博图印刷有限公司
开　　本 / 889 毫米 ×1194 毫米　1/16
印　　张 / 8.5　　　　　　　　　　　　　　　　　　　责任编辑 / 王美丽
字　　数 / 237 千字　　　　　　　　　　　　　　　　文案编辑 / 孟祥雪
版　　次 / 2023 年 7 月第 1 版第 3 次印刷　　　　　　责任校对 / 周瑞红
定　　价 / 55.00 元　　　　　　　　　　　　　　　　责任印制 / 边心超

图书出现印装质量问题,请拨打售后服务热线,本社负责调换

总序 GENERAL PREFACE

20世纪80年代初,中国真正的现代艺术设计教育开始起步。20世纪90年代末以来,中国现代产业迅速崛起,在现代产业大量需求设计人才的市场驱动下,我国各大院校实行了扩大招生的政策,艺术设计教育迅速膨胀。迄今为止,几乎所有的高校都开设了艺术设计类专业,艺术类专业已经成为最热门的专业之一,中国已经发展成为世界上最大的艺术设计教育大国。

但我们应该清醒地认识到,艺术和设计是一个非常庞大的教育体系,包括了设计教育的所有科目,如建筑设计、室内设计、服装设计、工业产品设计、平面设计、包装设计等,而我国的现代艺术设计教育尚处于初创阶段,教学范畴仍集中在服装设计、室内装潢、视觉传达等比较单一的设计领域,设计理念与信息产业的要求仍有较大的差距。

为了符合信息产业的时代要求,中国各大艺术设计教育院校在专业设置方面提出了"拓宽基础、淡化专业"的教学改革方案,在人才培养方面提出了培养"通才"的目标。正如姜今先生在其专著《设计艺术》中所指出的"工业+商业+科学+艺术=设计",现代艺术设计教育越来越注重对当代设计师知识结构的建立,在教学过程中不仅要传授必要的专业知识,还要讲解哲学、社会科学、历史学、心理学、宗教学、数学、艺术学、美学等知识,以培养出具备综合素质能力的优秀设计师。另外,在现代艺术设计院校中,对设计方法、基础工艺、专业设计及毕业设计等实践类课程也越来越注重教学课题的创新。

理论来源于实践、指导实践并接受实践的检验,我国现代艺术设计教育的研究正是沿着这样的路线,在设计理论与教学实践中不断摸索前进。在具体的教学理论方面,几年前或十几年前的教材已经无法满足现代艺术教育的需求,知识的快速更新为现代艺术教育理论的发展提供了新的平台,兼具知识性、创新性、前瞻性的教材不断涌现出来。

随着社会多元化产业的发展,社会对艺术设计类人才的需求逐年增加,现在全国已有1400多所高校设立了艺术设计类专业,而且各高等院校每年都在扩招艺术设计专业的学生,每年的毕业生超过10万人。

随着教学的不断成熟和完善,艺术设计专业科目的划分越来越细致,涉及的范围也越来越广泛。我们通过查阅大量国内外著名设计类院校的相关教学资料,深入学习各相关艺术院校的成功办学经验,同时邀请资深专家进行讨论认证,发觉有必要推出一套新的,较为完整、系统的专业院校艺术设计教材,以适应当前艺术设计教学的需求。

我们策划出版的这套艺术设计类系列教材,是根据多数专业院校的教学内容安排设定的,所涉及的专业课程主要有艺术设计专业基础课程、平面广告设计专业课程、环境艺术设计专业课程、动画专业课程等。同时以专业为系列进行了细致的划分,内容全面、难度适中,能满足各专业教学的需求。

本套教材在编写过程中充分考虑了艺术设计类专业的教学特点，把教学与实践紧密地结合起来，参照当今市场对人才的新要求，注重应用技术的传授，强调学生实际应用能力的培养。而且，每本教材都配有相应的电子教学课件或素材资料，可大大方便教学。

　　在内容的选取与组织上，本套教材以规范性、知识性、专业性、创新性、前瞻性为目标，以项目训练、课题设计、实例分析、课后思考与练习等多种方式，引导学生考察设计施工现场、学习优秀设计作品实例，力求教材内容结构合理、知识丰富、特色鲜明。

　　本套教材在艺术设计类专业教材的知识层面也有了重大创新，做到了紧跟时代步伐，在新的教育环境下，引入了全新的知识内容和教育理念，使教材具有较强的针对性、实用性及时代感，是当代中国艺术设计教育的新成果。

　　本套教材自出版后，受到了广大院校师生的赞誉和好评。经过广泛评估及调研，我们特意遴选了一批销量好、内容经典、市场反响好的教材进行了信息化改造升级，除了对内文进行全面修订外，还配套了精心制作的微课、视频，提供了相关阅读拓展资料。同时将策划出版选题中具有信息化特色、配套资源丰富的优质稿件也纳入本套教材出版，并将丛书名调整为"高等职业教育新形态精品教材"，以适应当前信息化教学的需要。

　　高等职业教育新形态精品教材是对信息化教材的一种探索和尝试。为了给相关专业的院校师生提供更多增值服务，我们还特意开通了"建艺通"微信公众号，负责对教材配套资源进行统一管理，并为读者提供行业资讯及配套资源下载服务。如果您在使用过程中，有任何建议或疑问，可通过"建艺通"微信公众号向我们反馈。

　　诚然，中国艺术设计类专业的发展现状随着市场经济的深入发展将会逐步改变，也会随着教育体制的健全不断完善，但这个过程中出现的一系列问题，还有待我们进一步思考和探索。我们相信，中国艺术设计教育的未来必将呈现出百花齐放、欣欣向荣的景象！

肖　勇　傅　祎

"建艺通"微信公众号

前言 PREFACE

随着社会市场经济发展，产品不断更新，特别是在信息技术飞速发展的今天，手机、互联网等新媒体的普及，使更多的企业在激烈的市场竞争中愈加重视对自身形象的建设，企业形象设计成为企业立足、发展不可或缺的部分。企业对塑造企业形象语言的设计师的要求也越来越高，这就迫切需要设计师重新审视自己的实力和水平，沉淀积累，追求更高的设计境界；同时，一些刚涉足设计行业的设计师也需要寻找提升自身能力的途径和方法，快速、有效地提高设计水平。

本书立足于为职业院校的学生提供一个系统学习企业形象设计制作的平台，以塑造企业形象理论为核心，从视觉形象（VI）设计的角度出发，以软件操作为基础，结合编者及其他资深教师的丰富经验，为初学者提供一套以具体实训案例为主导，穿插若干按VI设计的一体化工作流程设计操作的优秀范本，其系统性、实战性和可操作性的讲解，会给从事设计的初学者很大帮助，从而使他们提高自己的设计与制作水平。

本书主要以培养艺术设计实践应用型人才为目的，以校企合作作为基础，注重市场与设计结合、理论与实践结合，以及设计思维和分析能力的训练。以企业形象设计实训应用项目为载体（与多个企业合作），设计多个典型项目，根据岗位工作任务要求，确定学习目标及学习内容，采取理论辅助、项目实训、案例教学的学习模式，根据社会对企业形象设计领域岗位能力的需求，培养学生CI策划与设计的综合能力，为学生迈入良好的就业平台奠定基础。

本书编者均为多年从事教学的专业教师，具有良好的平面设计功底，在多年的教学与社会实践中取得了丰富的工作经验，积累了大量的素材和教学案例。书中分析的多数案例均是国外优秀设计师作品，有很高的知名度和水准。企业形象设计学习中的实操部分（VI设计制作）需要平面设计软件辅助完成，限于本书篇幅，未讲解软件具体制作过程。

本书在编写过程中除了得到相关领导的大力支持外，还得到了校企合作单位如万旗传媒、盛世华创、正奇创智等公司的帮助，书中涉及的具体案例也均为资深设计师江桦、张道顺、赵巍、代腾飞等人的设计作品，而我系学生也有幸参与其中，获益良多，在此表示由衷的感谢！

本书编写分工如下：理论篇由祝桂红、赵阳、曹丽老师编写；实训篇项目一、项目二中知识点由曹丽老师编写，其他所有项目知识点、案例和实训任务由赵阳老师编写；祖儿、刘卓老师参与了微课制作和素材搜集。全书所有配套资源（微课、案例、PPT等）均由五位老师和校企合作单位如万旗传媒、正奇创智等公司共同制作、整理、提供，在此特别感谢各位老师及企业各设计师、专家的参与和帮助。另外，本书配套资源已整理成资源包，获取方式：扫码关注"建艺通"微信公众号，输入"企业形象一体化设计"，即可下载。

本书是在编者个人教学和工作积累基础上完成的，因水平有限，错误、疏漏之处在所难免，敬请广大读者和同行批评指正。

编　者

目录 CONTENTS

第一篇　理论篇

第一章　企业形象设计概述 …… 002
- 第一节　现代企业为什么需要 CI …… 002
- 第二节　CI 的发展过程 …… 002
- 第三节　CI 的内容 …… 005

第二章　企业理念识别系统——MI …… 006
- 第一节　了解 MI …… 006
- 第二节　MI 的企划与实施 …… 008

第三章　企业行为识别系统——BI …… 010
- 第一节　BI 概述 …… 010
- 第二节　BI 的建设及实施 …… 011

第四章　企业视觉识别系统——VI …… 014
- 第一节　VI 的含义 …… 014
- 第二节　VI 设计的原则 …… 017
- 第三节　VI 设计的基本程序 …… 018

第五章　CI 的导入 …… 020
- 第一节　CI 的导入时机 …… 020
- 第二节　CI 的导入方法与流程 …… 021

第二篇　实训篇

项目一　VI 基础设计 …… 028
- 子项目一　标志设计 …… 029
- 子项目二　字体设计 …… 046
- 子项目三　色彩设计 …… 055
- 子项目四　辅助图形设计 …… 064
- 子项目五　吉祥物设计 …… 068
- 子项目六　基本要素整体组合规范设计 …… 073

项目二　VI 应用设计 …… 080
- 子项目一　办公文化用品设计 …… 082
- 子项目二　公共关系应用设计 …… 092
- 子项目三　产品包装设计 …… 094
- 子项目四　广告宣传设计 …… 097
- 子项目五　建筑环境设计 …… 105
- 子项目六　服装服饰设计 …… 113
- 子项目七　交通运输及设备设计 …… 116

项目三　VI 手册及 VI 树设计 …… 120
- 子项目一　企业 VI 手册设计 …… 120
- 子项目二　企业 VI 树设计 …… 126

参考文献 …… 130

第一篇
理论篇

第一章 企业形象设计概述

CHAPTER ONE

学习目标

通过案例赏析加深对 CI 的认知与了解。

第一节 现代企业为什么需要 CI

随着经济的快速发展，市场竞争的日益激烈，生活的快节奏化，大众对商品的需求已经不再局限于商品的质量、包装、服务，还增加了对品牌的需求，这就需要企业对其商品品牌价值与企业形象价值进行提升。企业在不断完善企业文化理念的同时，需要在经营中采取一切有效措施来提高企业在公众中的形象，CI 战略就是企业提高形象的最有效的手段。

1. CI 的概念

CI 就是 CIS，是 Corporate Identity System 的缩写，一般译为企业识别系统或机构识别系统。这一术语最初是在 20 世纪 30 年代由美国设计大师雷蒙德·罗维（Raymond Loewy）等人提出的。

2. CI 的特点

CI 的基本特点可以分为系统性、独特性、战略性、相对稳定性、竞争性五个方面。

3. CI 的价值

（1）整合与提升企业形象。

（2）加强企业内部的凝聚力与提升企业文化效用。

（3）促进消费。

（4）促进品牌价值的提升。

微课1 现代企业为什么需要 CI

第二节 CI 的发展过程

CI 的发展过程大致可以分为三个阶段：萌芽阶段（1930—1950 年）、发展阶段（1950—1970 年）、成熟阶段（1970 年至今），每个时期都有相应的时代背景。

一、CI 的萌芽阶段

20世纪20年代，美国哈佛大学心理学家、行为科学家乔治·埃尔顿·梅奥（George Elton Mayo）等人进行了霍桑实验（Hawthorne Experiment），在此基础上产生了"人际关系学说"，也就是被后人称为"行为科学"的管理学说。这些理论为日后CI萌芽、发展及成熟奠定了科学理论的基础。

对于CI起源的标志性事件，众说纷纭，有很多人认为是德国的跨国企业AEG通用电器公司开辟了CI的先河，也有人认为伦敦地铁标志设计、字体创新统一运用是CI最早的实例。

二、CI 的发展阶段

CI作为一种理念被运用是在20世纪50年代，以美国的IBM公司成功的企业形象设计为标志，CI正式进入发展阶段（图1-1-1至图1-1-3）。心理学、人类学、经济学、社会学等学科对人际关系学起到了推动作用，使这门学科快速成长，也为CI的形成提供了理论条件。原有的企业经营战略已无法适应迅猛发展的市场，建立一套具有统一性、完整性、组织性的规范的识别系统，来传达企业独特的经营理念，树立鲜明的企业形象就成为企业竞争的必要手段，在此情况下CI就水到渠成地形成了。

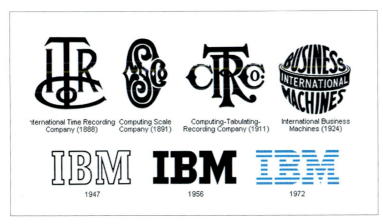

图 1-1-1　IBM 标志演变

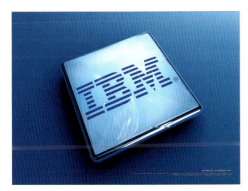

图 1-1-2　IBM 手册

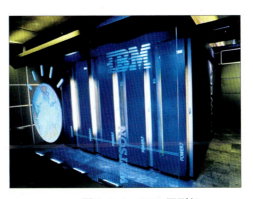

图 1-1-3　IBM 巨型机

三、CI 的成熟阶段

第二次世界大战后，世界经济在一次次经济危机后得到复苏和发展，这时的社会科学也被推进并高度发展。世界贸易协定与区域性经济共同体形成，都在大的趋势下推动着社会经济发展。由于这些因素，CI 的导入已成为大势所趋，以欧美企业和日本企业对 CI 导入、推进、发展的影响最为显著。

1. 欧美企业导入 CI 及对 CI 的推进发展

正是由于 IBM 公司的成功实例，20 世纪 60 年代以来，欧美企业纷纷效仿 IBM 公司，导入以企业视觉识别为中心的企业识别系统。初期导入 CI 的企业有美孚石油公司、东方航空公司、西屋电气公司等。在众多导入 CI 企业中，最具代表性的为美国无线电公司、可口可乐公司，德国的梅赛德斯 - 奔驰公司、西门子电气公司等，其中获得显著成功的是可口可乐公司，如图 1-1-4、图 1-1-5 所示。在 IBM 公司与可口可乐公司成功导入 CI 战略后，美国很多大型企业也纷纷导入以视觉识别为主的 CI 设计，企业 CI 战略逐渐成为企业竞争的有力武器。

图 1-1-4　L&M 公司确定可口可乐新标志　　　图 1-1-5　可口可乐公司发布的 2009 年版企业识别系统

2. CI 在日本企业的发展

20 世纪 70 年代以后，日本经济迅速崛起，成为仅次于美国的经济大国。日本善于融会东西方文化，能将外来文化与本国文化创造性结合。日本人把美国成功的 CI 案例与现代科学有效地结合起来，企业文化成了 CI 的核心。这不但使 CI 走向成熟，而且使企业文化走向成熟，产生了日本 TDK 的手册与马自达的全面推行视觉识别系统，以及理论识别、行为识别与视觉识别的完整体系理论框架，创造性地发展出了有自己特色的 CI 理论，如图 1-1-6 所示。

图 1-1-6　马自达 Logo 的演化

3. 韩国对 CI 的推广

韩国商界、企业界的 CI 意识产生较晚，到了 20 世纪 80 年代才开始推广 CI，并渐渐达到高潮时期。

四、CI 在我国的发展及现状

20 世纪 80 年代，我国经济快速发展，社会体制也向平等竞争的市场经济新模式转变，这使得企业从原有的计划经济模式走向市场竞争。在我国台湾企业成功导入 CI 后，CI 在我国大陆也开始出现，虽然最初是作为美术院校设计专业的教材被引进并加以普及的，但企业也开始慢慢接受与重视 CI。1988 年，在我国广东沿海经济发达的地区出现了以 CI 策划为主营项目的设计机构。部分大型企业为了更好地在竞争中发展，率先导入 CI 系统，从而掀开了 CI 在中国大陆传播的序幕。

第三节　CI 的内容

一、CI 的组成

CI 作为一个系统化的组合体，一般来讲，主要由理念识别（Mind Identity，MI）、行为识别（Behavior Identity，BI）和视觉识别（Visual Identity，VI）三部分构成。理念识别是企业 CI 设计的基础，是企业之心；行为识别是企业之手，是一种行为的渗透；视觉识别是企业的脸，是视觉传播，这三部分构成完整的 CI 设计系统，但同时这三大部分又各有不同的使命。这三部分之间相互制约、相互关联，如图 1-1-7、图 1-1-8 所示。

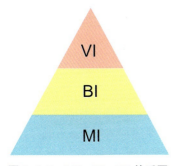
图 1-1-7　MI、BI、VI 关系图

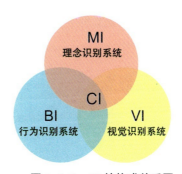
图 1-1-8　CI 的构成关系图

二、CI 的构成模式

CI 是企业参与市场竞争的有力工具，但由于企业所处的国家及企业发展阶段不同，因此实施 CI 的方法和目标有所不同。各国企业会根据自己的实际情况，不断改进完善 CI，形成各具特色的典型模式，按国别典型模式，最主要的 CI 有美国式 CI、日本式 CI 和中国式 CI 模式。

课后习题

1. 以"华为"品牌为例，试分析 CI 战略在现代企业中的价值。
2. 了解 CI 的起源、发展与成熟等阶段，掌握每个时期的经典案例，并查阅"可口可乐公司"资料，了解其 CI 发展历程。
3. 查阅资料，试分析美国式 CI、日本式 CI、中国式 CI 的不同。

第二章 企业理念识别系统——MI

学习目标

通过本章学习，了解企业理念的含义、基本要素以及企业理念对现代企业的作用，掌握企业理念设计原则、设计程序，以及如何编制企业理念手册等知识。

第一节 了解 MI

一、企业理念的概念

理念是一种意识、思想、观念、精神、见解、愿望等。而企业理念（Mind Identity System，MIS）是现代经营的一个术语，指企业的思想。MI 是企业领导层为使企业长远经营发展而构建的，要求全体员工共同努力实践，并且获得社会公众普遍认可，体现该企业个性特征，并鲜明地反映企业经营意识的价值体系。

二、企业理念的作用

企业理念作为企业的思想，是企业发展的原动力和基础，在现代企业发展中具有不可低估的重要作用。其作用主要体现在以下几个方面：

（1）企业理念对企业发展起引导作用。
（2）企业理念促进企业经济持续发展。
（3）企业理念可增强企业的向心力、凝聚力，激励员工开拓创新。
（4）企业理念对员工的内在起约束作用。
（5）企业理念对外具有辐射作用。

三、企业理念的设计原则

MI 设计的目的是增强企业理念的识别力和认同力，是企业经营宗旨、方针和企业精神与价值观的体现。企业理念作为CI策略的基础与灵魂，对BI、VI具有决定作用并通过BI、VI表现出来，因此必须从CI导入的整体理念要求出发，进行MI设计，不能够随意妄为，以下是企业理念设计的原则。

1. 个性化原则

企业理念是一个企业的灵魂，是企业精神的凝聚与提升，是企业的精神支柱，是企业个性的集中表现。如海尔的"产业报国""真诚到永远"，李宁的"一切皆有可能"（见图1-2-1、图1-2-2），耐克的"为运动服务"等。

图1-2-1 李宁的Logo

图1-2-2 李宁产品广告

2. 民族性原则

企业理念设计是建立在特定的民族文化底蕴之上的，在进行企业理念设计时，需要充分考虑民族形象，也就是考虑民族精神、民族特点、民族习惯。作为一个成功的企业，它的企业宗旨、价值观、经营方针都应该展现本民族的精神价值取向与道德标准，从而在本民族范围内产生广泛认同，并在全世界领域内弘扬民族文化个性。

3. 持久性原则

企业理念是为促进企业正常运行及长远的发展壮大而设计的，它不仅仅是为了应对当下状况设计的，也不是昙花一现，而是对企业目前与日后的生产经营发展起到导向作用，具有持久的生命力。每个企业在策划设计企业理念时既要站在历史、时代的高度，洞察吸纳当下最先进的社会思想观念，又要具备把握社会前进的脉搏、预知未来企业发展趋势的能力。

4. 多样化原则

多样化原则是指以理念传达为核心，在宣传上、语言表达的形式上、结构设计上都力求丰富多样，避免口号、标语平淡庸俗，具有思辨精神。多样化原则也符合不同国度、不同领域、不同行业的企业自身的产业发展状况，如：

启用科技动力，传感全新时代。（中国嘉陵）

赛特购物中心，传播现代消费文化。（北京赛特购物中心）

产业报国，以民族昌盛为己任。（长虹）

四、企业理念的设计要素

企业理念作为CI策划中最重要的一部分，主要包括企业目标、企业价值观、企业经营哲学、企业宗旨、企业精神和企业道德六部分，如图1-2-3所示，这六部分分别从不同的侧重点与角度阐述了企业的思想内容。

图1-2-3 MI设计要素

微课4 企业理念识别系统

第二节 MI 的企划与实施

企业理念是 CI 战略中的最高决策层与原动力，企业所有的设计项目必须服从和服务于企业理念。任何企业在导入 CI 战略时，必须从企业理念出发，首先对企业理念进行策划、设计与定位。

企业理念设计不是凭空想象出来的，设计前必须对企业的文化背景、战略目标、经营理念等在时间上和空间上所具有的个性和共性有正确的分析与把握，科学、严谨地阐述企业理念，最终以文本形式呈现。企业理念设计的基本程序包括如下步骤。

一、调研分析、明确企业理念诉求方向

由于企业的性质及其发展的特点不同，企业与企业的理念是有区别的。企业理念的调研是对企业现状的调查与分析，包括对企业内部环境与企业外部环境两个方面的调研。

二、企业理念基本要素的确立

在确定了企业理念诉求方向后，就可以确立具体的企业理念所涉及的基本要素、宗旨、经营方针、精神、价值观、道德等诸多方面的内容，以及企业经济行为、整体文化、社会价值、社会道德、社会传播等方方面面，并根据调研分析的结果将这些基本要素加以归纳整理，做到清晰、有条理。在确定其基本的含义后，对它的象征意义加以提炼。

三、企业理念要素的语言表达

确立了企业理念的基本要素后，就要以最精练的语言文字把理念要素内涵进行高度提炼与概括，达到语言准确，不产生歧义与多重象征，与内涵一致。语言表达的标准是高度概括，言简意赅，易读易懂易记，朗朗上口，富有感染力。

四、进一步修改、整理、完善企业理念

企业理念语言确定之前，仍需要不断反复地修改、整理、完善。这些语言要符合企业理念的内涵，具有独特性，并具有激励人心的作用。

五、调研理念制定的效果

要通过多方面的调研，评估企业理念制定后所达到的效果。首先，要对企业的管理层进行调查，因为他们在宏观上相对比较了解企业的状况、企业的发展目标、企业发展的方向，以及目前面临的问题、困难等，还可以了解到理念制定后产生的一些效果。其次，是对企业员工的调研，员工作为企业发展的一线人员，对企业发展中存在的问题有最直接的感受，企业实际执行者就是企业员工，因此他们是最有发言权的人。所以调研理念制定的效果要从以上两个方面入手，客观评价理念

制定的效果。

六、存档、实施

企业理念整理确定后，要进行存档，在一定的时间内具有持久性，它严格指导 CI 战略中行为识别系统（BI）与视觉识别系统（VI）的制定。

微课5　MI策划与手册制定

课后习题

1. 认识和了解 CI 的概念、特点、价值，查阅某一品牌的 CI 发展历程。
2. 企业理念设计要素包括哪些内容？
3. 以"海尔"和"耐克"品牌为对象，阐述企业理念的设计原则。
4. 企业理念设计的基本程序包括哪些步骤？

CHAPTER THREE

第三章 企业行为识别系统——BI

学习目标

了解什么是 BI、BI 如何运作以及怎样通过 BI 塑造企业形象，熟练掌握 BI 实施过程和 BI 手册的制定，对 BI 在 VI 系统建设中的重要性有清晰的认识，并能结合具体案例详细解析 BI 手册的制定模式，明确优秀的 BI 设计对企业发展的促进作用，为以后的 VI 系统学习奠定基础。

第一节 BI 概述

一、BI 的含义

BI 就是 BIS，是英文 Behavior Identity System 的简称，又称企业行为识别系统，是 CI 三大体系设计中较为重要的内容。它是 MI 的执行者，是以企业的经营理念为指导思想，通过企业内部的教育、管理及外部的一切经营、公关活动，将其深入到企业经营管理的每一个层面、每一个环节，将企业建设得更为规范，发展得更为壮大。BI 是由企业制定的一种行为规范准则，对企业人员的行为进行规范，需要企业全体员工的共同努力与主动参与，因此它既是一项塑造企业形象的整体活动，也是繁杂而庞大的系统工程。

二、BI 的组成

BI 通常由两大部分组成：一是企业内部管理行为体系，二是企业外部行为体系。企业内部管理行为体系主要分为企业组织群体规范、企业员工行为规范、企业内部文化活动等。而企业外部行为体系包括企业市场拓展行为、企业公共关系、企业广告促销行为、社会公益文化行为及企业形象传播行为等。

微课6 BI 概述

第二节 BI 的建设及实施

一、BI 的建设

企业行为识别系统在 CI 系统中占有相当重要的地位,是企业理念识别系统(MI)的动态表现,与静态的视觉识别系统(VI)一同将企业理念按照规范化原则向外传达出去,以塑造企业良好形象,得到消费大众的认可。BI 的建设主要通过企业内部管理行为规范建设和企业外部行为建设来体现。

1. 企业内部管理行为规范建设

企业行为识别系统在企业内部主要是针对本企业员工的行为进行规范,是一种针对企业员工的传播行为。其目的是使企业的经营理念和精神文化能够对员工形成影响并得到员工的认同,增强企业的凝聚力,改善企业员工的精神状态和工作心态,以保证为客户提供优质的服务。其主要包括企业内部环境、企业人力资源管理、企业员工行为规范等七部分。

(1)企业内部环境。企业内部环境主要指企业的个体工作环境和集体工作环境,企业的发展要依靠每位员工的能动性,创造良好的工作环境能有效地提高企业与员工的凝聚力,充分发掘员工的工作热情。一个管理有序、整洁美好、温馨融洽的内部环境,可以激发员工对工作的满足感和成就感,减轻工作的疲劳感,增强对公司的认可度。

(2)企业人力资源管理。企业人力资源管理是企业内部管理行为的一个重要组成部分,通过员工教育培训、员工选聘、员工考评、员工激励、领导行为等形式对企业内外全体人员进行有效的管理和运用,满足企业当前及未来发展的需要,保证企业目标实现与员工发展的最大化,实现企业战略目标,如图 1-3-1、图 1-3-2 所示。

(3)企业员工行为规范。企业若想获得长足、稳定、健康的发展,则对员工制定相应的行为规范是必要的。行为规范主要是针对企业员工在企业内外的活动行为制定相应的行为准则,要求员工在遵守国家法律法规的基础上,遵守企业的各项规章制度和管理要求,如图 1-3-3、图 1-3-4 所示。员工行为规范包括公司整体行为规范、员工工作规范、仪容仪表规范和社交规范等。

(4)企业的经营管理行为。企业的经营管理行为主要是为贯彻企业的经营管理思想,实现企业经营管理决策而进行的各项管理行为。而企业的经营管理思想是企业理念的重要内涵,它能够很好地将企业的经济效益观念、质量观念和人才观念等准确体现出来,并落实到企业的经营管理行为当中,如图 1-3-5、图 1-3-6 所示。

图 1-3-1　摩托罗拉大学员工培训——"80 后"员工心智管理

图 1-3-2　英特尔员工激励

图 1-3-3　飞行人员规范操作

图 1-3-4　机组服务人员热情服务

图 1-3-5　伊利的科学检验程序

图 1-3-6　伊利的规范化挤奶车间

（5）企业组织机构的建设。组织机构的建设是实施企业管理的保证，其设置意味着将企业的管理权力进行分配，主要是企业人员和岗位的安排，目的在于保证组织机构的完善与稳定，充分调动内部人员的积极性，使企业内部团结一致，共同为企业的发展做出更大的贡献。

（6）企业的内部沟通与协调。企业的内部沟通与协调主要表现为企业上级与下级、部门与部门、员工与员工之间横纵向及立体交叉式沟通与协调。员工间平等、和谐、方便、温馨的沟通方式不仅可以营造良好的工作氛围，还能够体现企业对员工的尊重和重视。

（7）产品开发。产品是企业赖以生存的根本，没有产品企业无法存在。随着社会的发展、市场竞争力的提高、科学技术的更新，现有的产品很难满足人们不断变化的需求，新产品的开发迫在眉睫。当然新产品的开发不是盲目的，它必须建立在对市场发展了如指掌的基础上，并且需要掌握行业的先进水平和先进的科学技术。

2. 企业外部行为建设

企业外部行为建设主要表现为企业之外的市场营销、公共关系、危机公关及社会公益和文化活动等方面的建设。这些外部行为活动可以不断地向消费大众传递企业形象、企业发展动向等相关信息，从而提高企业的知名度、信誉度，从整体上塑造企业的形象。

（1）市场营销。市场营销主要包括市场调查、市场推广、市场竞争、服务水平展示、促销活动、宣传广告投放等。

（2）公共关系。公共关系主要是企业为宣传企业形象与社会公众开展的各种关系活动，又称公关活动。处理好相关环境中的诸多关系（如政府、地方团体、股东、同行业企业等）不仅可以进行信息传递、沟通与协调各种关系，还可以为企业提升信誉度、荣誉度，赢得社会的认可、信赖与接纳。

（3）危机公关。企业发展不是一帆风顺的，肯定会遇到各种危机，危机的爆发往往会给企业带来难以估量的损失，甚至会危及企业的生存。通常危机公关包括危机酝酿、危机发生、危机发展、危机处理、危机传播、危机评估、善后恢复七个阶段。

（4）社会公益、文化活动。社会公益、文化活动是企业与外界沟通交流的大型公关促销活动，以赞助社会公益性、福利性事业为主要表现形式，其影响大、范围广、效应强，不仅可以为企业在社会公众中塑造良好形象、提高美誉度，还会给企业带来直接的经济效益，为企业创造一个良好的发展环境。

二、BI 的实施

BI 的建设与实施是一个繁杂的系统工程，需要做好详尽的设计规划。

1. BI 设计规划

（1）参与 CI 导入流程运作，进行市场调研并做出调查分析报告，写出"BI 设计规划预想"，为企业提供一个通用的规范版本。

（2）关注企业动态发展，参与企业时态调查，详细了解企业文化和规章制度建设状况，调整"BI 设计规划预想"内容，列出符合企业特色的详细目录。

（3）提交并由企业讨论研究预想书后，给出建设性提议，使预想书内容更加确定。

（4）预想书通过后可通过广泛调查，征求企业管理层及员工意见，开展 BI 设计工作，初步形成"BI 设计规划书"。

（5）在 MI 理论指导下，进一步修改并完善"BI 设计规划书"内容，使之能够通过 BI 具体地将 MI 付诸实践并广泛传播。

（6）"BI 设计规划书"完成并交予企业审核，确认 BI 设计规划书内容。

（7）按照"BI 设计规划书"将其逐步导入企业。

2. BI 实施程序

BI 设计规划完成后便进入了 BI 的具体实施程序，可采取试用一个月、三个月、半年乃至一年、两年或五年等不同时间段的方法，进行实际操作以检验"BI 设计规划书"适用性，可按照企业要求现场做 BI 使用咨询服务，再根据企业及市场变化状况做调整，修改 BI 设计规划内容，直至完成，具体步骤如下：

（1）首先确立企业理念，建设企业文化，通过企业行为进行内外传播。

（2）制定企业管理制度。

（3）制定企业行为规范。

（4）企业行为的具体实施。

（5）行为规范的贯彻，建立相关监督机制，保证行为规范在 BI 具体运作中得以实施。

（6）规范性行为的习惯化。

课后习题

1. 阐述什么是 BI、BI 的组成及其与 CI 的关系，可以以某企业为例。
2. 选择某一企业，分析其如何进行 BI 的内外部行为建设。
3. 以某企业为例谈谈企业如何完善其市场行为。
4. 试分析某企业 BI 应如何实施。

CHAPTER FOUR

第四章 企业视觉识别系统——VI

学习目标

了解 VI 的含义，熟悉并合理利用 VI 设计的原则及基本程序。

第一节 VI 的含义

在 CI 的三大构成要素中，企业视觉识别（Visual Identity，VI）是最具有传播力和感染力的部分。VI 系统是企业视觉信息传达中各部分的集合，是具体化了的信息形式，也是 CI 系统中分项最多、层面最广、效果最直接的部分。如果把企业比作人，那么企业的 VI 就如同人的着装仪表，不仅要大方得体、给人以美的享受，更要将人的内心思想、人格和性格体现在外表的每一个细节。因此，要准确、成功地传达企业信息，就需要建立系统、规范、美观的 VI 体系，对企业的一切可视内容进行统一化、标准化和个性化的视觉表达，并且要确保逐一落实。

视觉识别系统一般分为基本设计系统和应用设计系统两大类。在基本设计系统中又以标志、标准字体、标准色为重中之重，一般称之为 VI 的三大核心，整个 VI 设计系统完全围绕三大核心所构成的基础进行设计，标志又是核心之核心，它是促发所有视觉要素的主导力量。而应用设计系统涵盖员工的名片到企业统一的服装服饰，企业指南到建筑外观，企业宣传样本、样卡到户外大型招牌等。由于各企业的行业特点和性质不同，故其应用设计系统的项目侧重点不尽相同，但基本设计系统大同小异。

可以用一棵大树来做比喻：基本设计系统是树根，是 VI 设计的基本元素；而应用设计系统则是树枝、树叶，是整个企业形象的传播媒体。VI 的基本构造如表 1-4-1 所示。

表 1-4-1 VI 系统组成

基本要素	应用要素
标志	办公文化用品
标准字体	公共关系用品
标准色	产品包装

续表

基本要素	应用要素
辅助图形	广告宣传
吉祥物	建筑环境
基本要素组合	服装服饰
禁止组合	交通运输及设备
	销售空间与展示
	VI 树

VI 作为一种视觉形象符号，其目的在于运用统一的视觉传达系统，向企业内部和企业外部的人群传递以标志为核心的视觉识别要素，从而实现人们对企业的良性认识和沟通。因此，VI 的作用不仅仅在于传播企业的经营理念、建立企业知名度、塑造企业形象，更近一步说，它一方面更新了旧的企业形象，使其符合新的时代审美需求；另一方面延伸了企业的精神，使其渗入各个领域，使企业形象以一种持续性的方式得到传播。

如图 1-4-1 所示，苹果的第一个标志非常复杂，它描绘的是牛顿坐在苹果树下读书的图案，标志上下有飘带缠绕，写着"Apple Computer Co."字样，外框上则引用了英国诗人威廉·华兹华斯（William Wordsworth）的短诗："牛顿，一个永远孤独地航行在陌生思想海洋中的灵魂。"这个标志的设计者是罗纳德·韦尼（Ronald Wayne）。乔布斯后来认为这一标志过于复杂，影响了产品销售，因此聘请 Regis McKenna 顾问公司的罗勃·简诺夫（Rob Janoff）为苹果设计了一个新标志。这就是苹果的第二个标志——一个彩虹条纹的苹果图案，从 1976 年到 1998 年早期，苹果公司一直使用这一标志。1998 年，苹果又更换了标志，并在稍后的几年中进一步将原有的标志发展成了一个半透明的、泛着金属光泽的银灰色标志。

最初的Apple图标出自牛顿与苹果树的故事

彩虹Apple图标从1976年末一直沿用到1998年早期

黑色Apple图标从1998年一直沿用到2000年末，经常用于硬件产品，现在依然会以各种颜色的形式出现在很多产品中

风格化的Apple图标从2001年到2007年用于Apple软件产品中

此图标从2007年一直沿用至2013年

2013年，苹果公司抛弃一切立体元素，系统界面彻底扁平化，图标也随之呈现出简洁纯白的扁平效果

2017年发布的最新版标志，重新回到了彩色版本

图 1-4-1　苹果标志演变过程

另外，企业通过系统的 VI 设定，可以在任何场合灵活而又不失统一地展示自己的产品和形象，这使得企业能够有更多的机会向消费者宣传自己的品牌和产品，进一步使企业形象在消费者心中扎根。在统一形象的过程中，企业需要对很多元素进行设计、归纳，并设定应用办法及管理规定，以达到既统一又可灵活变通的企业形象。如图 1-4-2 至图 1-4-7 所示，由纽约的 Stefan Sagmeister 公司设计的葡萄牙电力集团（EDP Branding）品牌形象，已不是传统的单一标志形象，整体的色彩氛围以及和谐的设计元素使标志与一切广告宣传行为融为一体，看起来丝毫不生硬，可轻易地将观者带入其营造的氛围中。

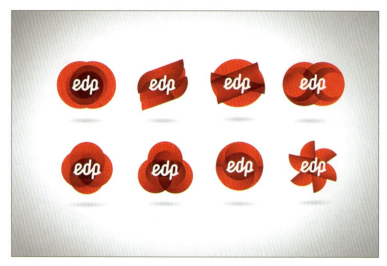

图 1-4-2　葡萄牙电力集团标志及其他 7 种变化

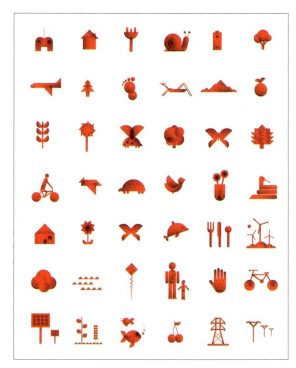

图 1-4-3　葡萄牙电力集团形象配套图标（一）

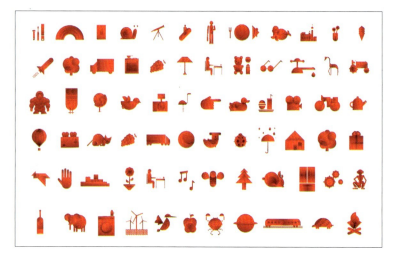

图 1-4-4　葡萄牙电力集团形象配套图标（二）

图 1-4-5　葡萄牙电力集团品牌形象应用（一）

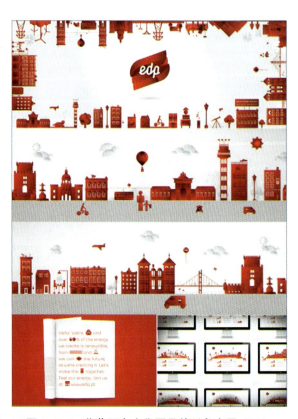

图 1-4-6　葡萄牙电力集团品牌形象应用（二）

第四章　企业视觉识别系统——VI　017

图 1-4-7　葡萄牙电力集团应用系统

第二节　VI 设计的原则

一、同一性

为了使企业形象保持统一，避免混乱，需要采用统一的规范设计，对外传播要采用统一的模式，不可以轻易变动。可以通过简化、统一、系列、组合、通用等手段实现同一性，Kunsthalle 品牌的 VI 设计就体现了同一性原则。

二、差异性

企业为了使自身形象既获得社会大众的认同，又有相对多的机会被大众深刻记忆，必须具有个性、与众不同，因此差异性原则十分重要。

首先，差异性要表现出行业的不同。其次，VI 设计必须突出与同行业其他企业的差别，才能独具风采，脱颖而出。比如沙特电信公司（Saudi Telecom Company，STC）是中东最大的移动运营商，网络容量超过 1 000 万，拥有 1 200 万移动用户和 450 万的固定用户，经营业务涵盖固网、移动、数据和传输等。沙特电信公司的新 Logo 是一个抽象的动感十足的图形，表达了沙特电信公司卓越和进取的价值观，体现着沙特电信公司"无国界、无止境、积极进取、充满活力"的企业文化。实际应用时，艳丽的色彩让沙特电信公司在市场推广中将移动服务带来的精彩生活表现得淋漓尽致。

三、民族性

企业形象的塑造与传播应该依照传统。不同的民族孕育出不同的文化，每一种都是独一无二

体现 VI 设计原则的案例

的，是设计的第一灵感来源。"民族的就是世界的"，只有依靠民族的文化底蕴，设计作品才会让全世界认识并记住，否则很容易淹没在浩瀚的国际海洋中。美、日等国的许多企业的崛起和成功，正是受益于民族文化。

比如罗马尼亚的老牌杀毒软件 Bitdefender 新的品牌形象，新 Logo 图案由一个古代传说中的半狼半龙的动物大夏龙狼构成，这个传说中的动物曾守卫战争中的大夏（古代罗马尼亚地区的称谓），所以后来它就具有了"抵抗"及"防御"的象征意义。新品牌形象通过艺术处理，用现代的语言来阐述这个古代的象征图案，并使其传达出数码时代的气息，同时清晰地传达出罗马尼亚的历史传说。

四、有效性

有效性是指 VI 系统能有效地推行运用，传达企业形象，它不是企业的装扮物，因此推广时必须能够操作且便于操作，其可操作性是决定 VI 系统成败的关键因素。各企业或集团因其所属领域不同，VI 系统的可操作性的衡量标准也是不同的，如由英国广播电视公司推出的第四频道——More4 于 2005 年正式入驻美国电视业，其主要推出的系列纪录片如 *The Daily Show* 在当时深受观众的喜爱。由品牌形象公司 Man vs Machine 全新策划的 More4 以"关注您的关注，关心您的每一天"的崭新理念，助其转型为主播时尚生活、理财指导和健康美食的生活记录频道。由多个可自由变换组合的彩色三角形组成的标志是这次 More4 渴望华丽转型理念的视觉表达，它可随节目不同而变换颜色，自由翻转变化且极富装饰性的三角形图案不仅是电视媒介一次崭新的尝试，更是在迎合人们当下对于生活方式、美食文化、时尚品位的审美情趣。

第三节　VI 设计的基本程序

由于 CI 是一个系统工程，三大要素紧密联系的特点决定了 VI 设计工作不能是一个设计人员天马行空地进行创意构想的过程，需要充分地准备，以达到三方面的完美结合。

一、调查研究及设计准备阶段

接受 VI 设计任务后，首先应当与企业多沟通，充分理解企业的经营理念，并展开针对企业各方面的调查，其中包括：企业自身情况的调查（历史发展、机构设置、经营方针、发展目标、优势与缺陷等）、市场调查（国内外产品的市场状况、销售价格和销售渠道等）、竞争者研究（同行业竞争企业的情况、产品的情况、销售的情况等）、消费者调研（消费者的消费能力、文化层次、审美倾向、地域划分及潜在消费群等）、自身产品研究（产品的外观、种类、价格、潜在价值等）、广告策略研究（企业广告策略、现行广告的各种情况及有待改进的广告战略等）。

根据以上的调查研究，结合企业的 CI 策划阶段形成的目标概念，寻找既定目标与 VI 的结合点，便完成了设计准备阶段的工作。

二、设计开发阶段

首先进行标志设计。在整个企业视觉识别系统中，标志是应用得最广、出现频率最高的一个元素，在消费者心目中，商标就是企业的形象、品牌的象征。因此，设计一个既区别于竞争对手又构思新颖、格调高雅、简单易记的标志是 CI 战略的关键性一步。标志设计完成后通常应用在以下几种媒体上：一种是各种类型的印刷品，一种是建筑物，还有一种是互联网。印刷品和平面媒体对标志的要求基本一致，通常比较小巧精致，可以用标志的原型放大和缩小；而建筑物、招牌和户外大型广告等应用设计场合，为了避免标志单纯放大后变形导致企业的形象受到影响，则需要在标志设计工作完成后，进行一系列的规范化设定与标准制图。

其次是标准字体的设计。其包括企业名称标准字体和品牌标准字体的设计。标准字体是与标志相辅相成的视觉传达系统中的重要组成部分，规范化设定的步骤是必不可少的。

标准色彩的设计有时并不是一个独立完成的阶段，它与标志和标准字体的设计关联紧密。辅助元素的设计也要根据已设定好的标志和标准字体以及标准色来完成。

三、反馈修正阶段

当以上的各要素设计完成之后，还要进行一定的验证工作。通过大范围的调研与验证，获取反馈信息，对现有设计存在的问题逐一修改，这样可避免为后期的应用设计系统的设计及 CI 系统的导入设置障碍。

四、VI 手册的编制

基本设计系统的设计完成后，应将其扩展到企业所有的可视应用项目中。为便于设计与管理，制定一份严格细致的 VI 手册十分重要。制作 VI 手册是所有 VI 设计工作的最后阶段，整个手册的制作形成有利于 VI 系统在企业的日常运作中的应用和规范，有利于视觉形象在传播中的一致性。

微课 10　企业视觉识别体系 VI

视频案例 1　谷歌全新的视觉形象

课后习题

1. 什么是 VI，VI 与 CI 的关系以及 VI 的组成包括哪些方面？
2. VI 设计的基本原则是什么，搜集相关案例（至少 10 个），解析其设计原则。
3. 选择某一企业，试解析其 VI 设计的基本程序是什么（要求图文并茂）。

CHAPTER FIVE

第五章 CI的导入

学习目标

对 CI 导入时机、导入方法及 CI 手册的编制建立深刻了解,认识 CI 执行维护对整个 CI 系统运作的重要性,并通过具体案例熟练掌握 CI 整体运作程序,强化对 CI 系统性设计的认识,提高 CI 系统设计能力。

第一节 CI 的导入时机

CI 导入的前提是企业必须对 CI 有一个全面的了解,清楚 CI 导入的必要性和必然性,但是对于何时导入 CI 则是企业能否取得 CI 战略成功,能否获得长足发展的关键。企业导入 CI 是为了适应国际信息营销市场发展的需要,企业不同,其特点不同,面临的问题也不同,因此导入 CI 的动机也不同。合适的时机不仅能够保证 CI 导入的质量,有利于目标的实现,并且可以减少资金成本,保证导入的顺利。CI 战略的实施是一个缓慢而长期的过程,要面临很多问题,诸如时间、时机、资金、宣传等,因此企业应该从战略角度和自身发展上把握好 CI 导入的时机,以达到 CI 导入的理想运作效果。

企业 CI 战略不仅在企业内部实施,也必须在企业外部实施,企业应该为适应企业内外变化选择内部时机和外部时机两种导入时机来进行。

一、企业导入 CI 的内部时机

随着科技的发展,很多企业内部会面临领导变更、经营机制转换、资产重组、企业理念及企业文化的调整等很多问题,内部时机的把握可依此进行,它包括以下几个方面:

(1)企业内部重组、合并成新的企业集团之时。
(2)企业理念、企业文化落后过时,需改变之时。
(3)企业周年庆典及国内外重大活动之时。
(4)企业发展停滞,经营不善,需扭转乾坤之时。
(5)企业经营方式和管理层变动之时。

二、企业导入 CI 的外部时机

20世纪80年代以来，中国企业不仅面临着国内市场的激烈竞争，还面临着国际企业的挑战，要迎接新世纪而进入全球营销，需要果断抓住这一契机导入CI，此时外部时机的把握显得格外重要，它包括以下几个方面：

（1）企业新产品的开发与上市之时。
（2）企业规模扩大，朝多元化经营发展之时。
（3）企业向国际市场发展，迈向国际化经营之时。
（4）企业出现危机事件，需消除负面影响，重新树立企业形象之时。

第二节 CI 的导入方法与流程

CI的导入是社会发展的必然趋势，是一项涉及企业的经营理念、行为规范和信息传达的复杂而又影响深远的系统工程，需要配合企业长期经营策略有准备、有计划、有步骤地导入，同时应该将它放到企业发展战略的高度去谋划，并设置相应机构，为CI战略的导入和实施把握方向、做出决策。CI的导入流程可以从五个方面进行。

一、CI 导入的准备阶段——组建 CI 委员会

在选择好CI导入时机，做出CI导入决策以后，为确保CI的有效导入和顺利实施，企业应当为CI导入的前期性工作做深入细致、切实有效的准备。它包括设定CI导入目标、编写"导入CI企划书"、设置组织机构——CI委员会、内部员工的动员与参与等，以保障CI导入的顺利实施。

1. 设定 CI 导入目标

通常企业会将CI目标设定为确立完善的企业品牌和良好的企业形象，它的设定直接影响CI导入计划的制订。因此，在设定CI目标时应该从企业品牌战略和企业形象战略两个方面进行，即一是品牌战略目标，二是形象战略目标。

2. 编写"导入 CI 企划书"

制定"导入CI企划书"，对CI导入的原因、导入时机和背景，CI的计划和实施细则等内容进行详细分析，制定初步规划，为实施CI导入做好准备。

3. 设置组织机构——CI 委员会

这个阶段的一个重要工作就是设置组织机构——CI委员会，它是企业CI导入与运作过程中进行组织、协调、沟通工作的管理机构，是企业进行CI策划、实施和推进的权威性监督机构，是企业的最高决策部门，也是企业为执行CI运作程序而成立的临时性组织机构，如图1-5-1所示。

CI执行委员会隶属于CI委员会，它是CI委员会的具体操作机构，包括对CI导入的策划、创意设计、实施、评估等的操作，负责整个CI计划的

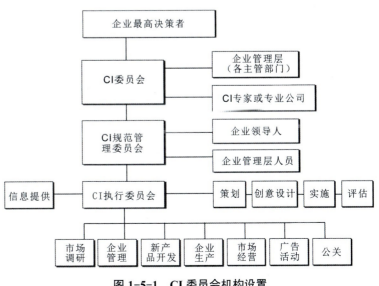

图 1-5-1 CI 委员会机构设置

日常工作。

4. 内部员工的动员与参与

动员全体员工积极主动地参与，并不是简单地开个动员大会，做一个一般性的号召就能成功的。CI 委员会与活动办公室在这方面应针对企业的情况采取具体办法，如利用企业自办的各种媒体，如公关报纸、杂志、画册、公关电子媒介、海报、布告栏等进行宣传，如图 1-5-2 所示，并且请专业人士有针对性地讲授企业识别系统的基本知识，同时采取各种形式吸引员工的兴趣，并为他们提供方便参与的措施。

图 1-5-2　普洁无纺布宣传海报

二、CI 导入的调查阶段——企业现状分析

CI 导入的调查阶段主要是针对企业内部环境和企业外部环境的现状进行调查。这种调查活动应该在进行 CI 导入程序之前就开始进行，调查内容主要为企业的发展历史、企业的经营状况、外部环境对企业的认可度等必要的客观资料，以此作为企业 CI 导入创意和程序运作的依据。

（1）调查步骤：分为制订调查计划、设计调查问卷、调查实施、调查结果分析、编写调查报告书等。

（2）企业内部环境调查：主要针对的是企业内部相关人员，如企业相关机构、决策层人士、员工、部门负责人等。内容包括：企业理念调查、企业经营状况调查、企业行为调查和企业风貌调查等。

（3）企业外部环境调查：对企业外部环境的调查分析是 CI 导入前调查工作的重要部分。它要求在对社会宏观政策环境和行业发展特征分析掌控的基础上，调查企业所处的市场环境状况，包括企业形象现状调查、企业知名度调查、企业美誉度调查、企业广告策略调查、企业对象调查等。

三、CI 导入的开发阶段——企业理念及形象制定

这一阶段主要是创意和策划阶段，以大量的前期准备工作内容为依据，对企业理念识别系统、企业行为识别系统（企业管理模式、企业营销运作与管理、企业公关与广告策划等）、企业品牌战略与企业形象系统（企业视觉基本要素和应用要素）进行创意设计。其中对企业理念识别系统的创意及独具个性的企业形象塑造是这一阶段的主要工作任务。

1. 企业理念识别系统的创意

运用对企业内外所有因素、情况调查结束后整理的相关资料，在企业形象定位准确的基础上，

可以着手进行企业理念识别系统的策划。在创意策划企业理念时，应持有认真、科学、严谨的态度，使策划的企业理念既要反映企业的行业特点、个性特征，还要被社会公众认同和内化。企业理念识别系统策划方案制定后，要经由 CI 委员会评审通过才可以实施。

2. 企业行为识别系统的制定

企业行为识别系统制定是企业形象系统的主要内容，是企业经营理念的具体化表现。新的企业理念出台后需依靠企业整体传达出去。在进行企业行为识别系统策划时，除了企业内部的经营管理专家参加之外，还需要外界企业经营管理专家与企业形象策划专家的共同参与，以便于策划出全新的、科学的、适合并能够促进企业生产经营发展的行为模式与规程。

3. 企业形象的塑造

企业形象的塑造主要依靠企业视觉识别系统的设计开发，完善而独具特色的视觉识别系统能有效地传达企业形象。

（1）企业视觉识别基础要素系统的设计开发。开发基本设计要素，是奠定 CI 整体传播系统的基础。它包括企业标志、企业标准字体、企业标准色、企业辅助图形、企业吉祥物、手册版面排版及各要素的组合应用模式等。这一阶段艰巨的任务就是三大核心（标志、标准字体、标准色）的创意设计，需要尽可能与企业员工及消费者沟通设计方案，反复研讨、试练、修正直至定案，找到最佳的符合企业实态与代表企业精神的符号体系。将最终方案加以精致化作业处理后，才可进行应用体系的开发作业。

（2）企业视觉识别应用要素系统的设计开发。企业视觉识别应用要素是以基础要素设计为基础而展开的开发作业，包括：办公事务用品设计、员工服装服饰设计、办公环境识别设计、企业车辆外观设计、公共关系赠品设计、企业商品包装设计、企业广告宣传（品牌宣传、产品宣传及促销类宣传）设计、企业展示典礼设计等。

（3）编制 CI 企业应用手册。前期企业形象系统主体工程的策划完成之后，可将策划内容经过整理编纂成册，使其成为 CI 实施管理的标准和依据，为 CI 运作起到指引方向的作用。因此 CI 手册就是一本完整、详细地阐述 CI 战略内容及具体作业基准的规范性指导手册，也是企业形象系统的实施指南，如图 1-5-3 所示。

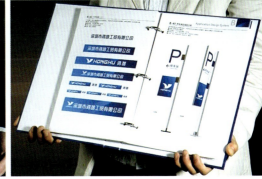

图 1-5-3　企业 VI 手册

四、CI 导入的实施阶段——企业行为推广

设计系统开发完成后，就进入全面导入实施 CI 的阶段，就整个 CI 导入程序来看，这一阶段非常重要，推广是否全面、管理是否恰当、运作是否规范、是否得到企业员工配合等，直接关系到整个 CI 导入的成败。因此必须由企业最高经营管理层至基层的员工全面贯彻，内部统一后，方能对外进行传播。这一阶段主要包括以下几个部分。

1. 进行 CI 的内外发布

在 CI 系统开发完成到一定程度后,就应将成熟的 CI 方案适时地向企业内部员工、新闻界和社会公众传达,让人们能够准确无误地及时了解并接受企业全新的形象信息,图 1-5-4 所示为广州汽车集团对外发布企业理念。

2. 企业员工的教育培训

企业员工的教育培训包括企业 CI 委员会从小范围到大范围对员工进行 CI 知识教育,聘请专家不定期地对员工进行 CI 培训,举办 CI 报告会和利用企业自建的黑板报、专栏、路牌、招贴、内部报刊及企业内部电视等多种媒介宣传 CI 知识,如图 1-5-5 所示。

图 1-5-4 广州汽车集团对外发布企业理念

图 1-5-5 员工教育培训

五、CI 导入的监督评估阶段——企业推广反馈

在企业进入 CI 的导入设计过程后,应该随时保持对 CI 的实施与传播进行监督与评估,而且必须在 CI 委员会的直接指导和监督下进行,通过及时反馈,了解企业形象宣传是否达到预期目标,找出缺陷和问题,为企业形象系统下一步的深入实施创造有利条件。企业形象系统实施效果评估工作,分为以下两个阶段进行。

1. 监督评估阶段

对企业 CI 实行监督评估前应该分别对企业内部、企业外部的 CI 实施进行阶段性的多项测试和考查,以便为 CI 的进一步提升提供依据。

企业内部测试主要是 CI 规范管理委员会为了检验企业导入 CI 效果,对企业内部员工就导入 CI 的有关问题进行考查和测试,主要通过访谈和问卷调查的方式进行。其提出 CI 实施中的相关问题,由企业员工进行信息反馈,便于 CI 的调整。而企业外部测试主要是以 CI 对外实施过程、效果为主要测试内容,以访谈、观察、问卷等测试和调查方法分别对 CI 传播效果、社会公众对企业 CI 的认知度、视觉形象的满意度等方面进行测试,提出相关问题,写出调查报告。

2. 反馈阶段

根据企业测试检查结果(如企业销售率、利润率、劳动生产率、内部凝聚力、形象改善情况等)确定 CI 导入效果,判断 CI 计划的各项任务是否落实并及时获得反馈,然后对实施中发现的问题进行分析,推行实施方案,修正作业计划,若需调整推行方案,应写出书面报告,根据此报告修改和进一步完善推行方案,由企业主管审批后执行,从而使 CI 的导入取得更佳效果。

企业 CI 导入流程如表 1-5-1 所示。

表 1-5-1　企业 CI 导入流程

序号	阶段	项目	项目内容	具体作业内容
一	CI 导入的准备阶段	CI 导入目标	品牌战略目标 形象战略目标	确定企业品牌及形象战略目标并初步拟定其发展计划
		CI 导入时机	导入 CI 内部时机 导入 CI 外部时机	企业重组、理念文化落后、经营不善、经营方式或管理层变动、新产品开发、规模扩大、国际化经营及出现危机事件
		CI 计划开始和确认	CI 计划开始 CI 管理层确认 CI 参与人员确认	导入 CI 计划被批准，获得内部承认。公司内部与 CI 有关领导和人员确认
		成立 CI 管理及运行机构	设置 CI 专家指导委员会 设置 CI 专家执行委员会 选定各委员会领导及委员	确定导入的时间、日程及任务分配，确定导入的方针政策，提供企划方案，对企业员工的教育培训、实施推广和跟踪监察等
		企业员工内部动员	召开 CI 导入动员大会 利用企业内部媒介宣传动员	唤起公司员工 CI 意识，进行内部启蒙教育。利用企业自办的各种媒体，如公关报纸、杂志、画册、公关电子媒介、海报、布告栏等进行宣传
二	CI 导入的调查阶段	企业内部环境调查	与企业各部门主管沟通 与企业员工沟通 内部问卷调查 内部环境调查总结	包括企业理念调查（历史、精神、文化等），企业经营状况调查（经营组织及销售），企业行为调查，企业风貌调查等
		企业外部环境调查	经营者访问调查 市场调查 消费者调查 竞争者调查	分别对企业现状、企业认知度、企业美誉度、企业广告策划及媒介、视觉设计现状进行调查
三	CI 导入的开发阶段	企业理念制定	MI 系统的创意策划	包括企业精神、企业文化、企业风格、事业领域、企业口号
		企业行为制定	BI 系统的教育训练	包括企业管理模式、企业营销运作与管理、企业公关与广告策划
		企业形象确立	市场运营策略 协调沟通策略 品牌、形象策略	企业视觉识别基础要素系统开发、企业视觉识别应用要素系统开发
四	CI 导入的实施阶段	CI 发布	CI 的内部发布	对内发表 CI 成果，实行员工教育
			CI 的外部发布	发表报道 CI 消息的内容、利用媒体公开发布活动
五	CI 导入的监督评估阶段	企业监督评估	制定监督评估内容	CI 传播效果，社会公众对企业 CI 的认知度、视觉形象的满意度等
			定期考核评估	企业内部测试、企业外部测试
			推广反馈	信息反馈、实施效果、效益统计

课后习题

1. 任选某一企业,试分析其导入 CI 的动机是什么?导入 CI 的时机该如何选择?详细解析其 CI 导入的整体流程。

2. 假设某企业现在需要引进一套完整的 CI 系统,让你进行 CI 策划,请写出该企业的 CI 策划书,内容包括策划对象的现状、导入 CI 的时机与动机、CI 的导入流程以及得到的启示等。

第二篇
实训篇

PIECE TWO

PROJECT ONE

项目一 | VI基础设计

项目概述

VI的基础设计是VI体系的核心内容，是企业或品牌的象征与识别的具体符号，同时是企业通过法律注册、获得知识产权保护的主要内容。本项目将围绕标志设计、字体设计、色彩设计、辅助图形设计、吉祥物设计以及基本要素整体组合设计六大项目展开。

项目目标

通过大量优秀和实训案例，为学生详细阐述VI基础设计中各部分的知识结构、设计流程及规范标准等，帮助学生准确掌握VI基础设计的形式和方法，了解设计原则，为应用设计的延伸打好基础。

项目重点

标志设计、字体设计、色彩设计、辅助图形设计、吉祥物设计以及基本要素整体组合设计。

每个企业都有自身的形象，不管企业自身是否意识到这一点并重视它，它都自然存在。而对于一个企业来说，其生存与发展最重要的是社会公众的信赖与认同，这种信赖与认同是建立在企业产品的卓越品质的基础之上的。但在公众心里树立统一的企业形象、个性鲜明的企业品牌也至关重要。毕竟每个企业都在努力做到最好，当产品的质量无法与同行业拉开距离，企业需要扩大自己的领域，或者企业需要在社会上获得更多认同的时候，企业的理念、行为和视觉形象都要独具特色，这样才能在市场竞争中立于不败之地。本项目将比较系统地讲解VI的基础设计系统中各个要素的设计要点及如何操作、应用、表现。

子项目一　标志设计

一、知识点

（一）标志设计

标志是现今社会市场营销过程中比较重要的角色，是实现沟通的重要工具之一，是将抽象的企业理念，以具体的造型图案表达出来的一个视觉符号。在 VI 设计中，标志是启动并整合所有视觉要素的主导和核心。

1. 标志的分类

在 VI 系统中，标志不是一个独立存在的元素，在设计时需要考虑很多与之相关联的问题，最重要的就是标志的实际应用。如果标志以单一的形象存在，就会给今后的应用带来不便，所以标志设计应该在保持统一的原则下，灵活地变化，以适应周围的媒体环境。在这一前提下，标志可分为标准标志和变形标志。

（1）标准标志。标志是一种记忆识别符号，其以各种精练的形象表达一定的含义，传递明确的信息，帮助人们克服语言、文字上的障碍和表述上的困难。标志由于具有"非语言表述"的特性，易于传播和记忆，因此很多时候可以代替语言和文字完成任务。

2010 年 2 月 8 日，MTV 发布标志，第一次强调了建立在永久基础形态上的基本标志。结尾语"音乐影像（Music Television）"已经去掉，因为许多网络节目都和音乐无关。MTV 将标志作为一个媒介，展示不同的内容，使标志应用更显丰富多彩（图 2-1-1、图 2-1-2）。

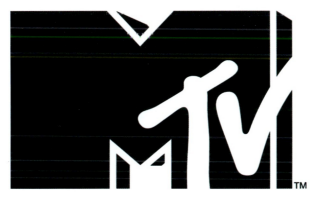

图 2-1-1　MTV 标准标志

图 2-1-2　MTV 标志变化

图 2-1-3　REG.RU 互联网公司标志及正负稿

（2）变形标志。在广告宣传活动等一些特殊场合，需要设计制作标志的变体以强化标志认同，此时可以将标志进行夸张或重新组合。变形标志不能损害原标志的设计理念和形象特点，并抓住标志原型的造型进行延伸变化。变化的形式主要有：正稿（黑白稿）、负稿（反白稿）、线稿、变形等。其中，正稿、负稿、线稿是必须有的变形样式。在实际应用时，可根据情况选用企业标准色中规定的色彩来表现。图 2-1-3、图 2-1-4 所示是由俄罗斯品牌设计公司 CETIS 为处于莫斯科的 REG.RU 互联网公司设计的形象。标志是由顶级域名后缀"рф"渲染而成，"р"和西里尔字母"ф"完美对称，并且在标志里可以融入不同的图像以体现俄罗斯的文化。

① 正稿（黑白稿）、负稿（反白稿）。标志除色彩稿外，还需要制定黑白稿和反白稿，以此保证标志在对外形象中的一致性，适用范围主要是报纸广告等背景色与图形色接近或色彩较重的情况。其中，反白稿亦可用在其他彩色背景上，如图 2-1-5 所示。

② 线稿。线稿又叫空心，空心标志通常用来表示标志的边缘线，如需要霓虹灯等造型的时候。

③ 变形。变形包括各种点、线、面的变化（如网纹、点成面、线成面等），可以使标志在不改变整体造型的基础上多一些新颖灵动的形式，适应更多的环境，如图 2-1-6、图 2-1-7 所示。

2. 标志的设计要点

标志的本质是信息传播，这是现代标志设计的核心。标志的设计创意应该从信息传播入手，从功能需要出发。设计者需要明确所设计的标志要表达的内涵是什么，要告诉大家的是什么，而不是把形式作为设计的唯一出发点。要把握标志所要传播的信息要点，通过视觉元素的最佳编排，达到传播信息的目的，使接受者在视觉心理上产生特定的感受与联想。这是标志设计的内容与任务。

一个成功的标志不仅仅需要创意或技

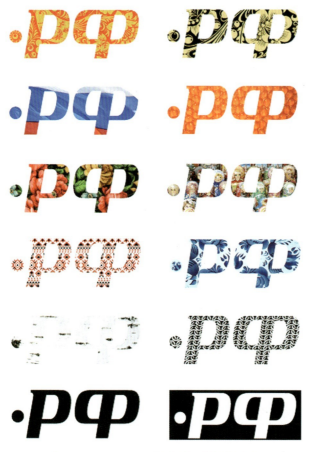

图 2-1-4　REG.RU 互联网公司标志变化

图 2-1-5　标志及正、负稿

图 2-1-6　标志变化

图 2-1-7　台湾设计师周 Logo 变形

巧，还需要适合各种场合，无论用在什么地方，都必须达到一个预期的目标，让人们注意或接受，因此在标志的整个设计过程中，需要考虑如何让标志发挥作用，那么需要把握哪些要点才能达到这个目的呢？

（1）识别性。标志的易识易记是最基本的原则。最具有识别性的是文字类的标志，尤其是单独的文字设计，几乎不用记忆就可以将信息传递出去。如图 2-1-8 所示，麦当劳的标志是一个大大的黄色英文字母 M，简单、可读是它最大的特点，这使得它无论出现在哪里，都很容易让人认出来。

另一种容易识别的标志就是经历了很长时间的积淀，深入人心的标志。这种类型的标志通常出自建立品牌很多年的知名企业，其在日常的宣传中已经使品牌形象深入人心。

图 2-1-8　麦当劳 Logo 设计

（2）注目性。注目性是标志所应达到的视觉效果，优秀的标志应该吸引人，给人以较强的视觉冲击力。因为只有引起人的注意，才能使标志所要传达的信息对人产生影响力。在标志设计中，注重对比、强调视觉形象的鲜明与生动，是产生注目性的重要形式要素。特别是公共性标志设计，不仅要求在常规环境中具有较强的视觉冲击力，而且要求在各种不同的环境条件中都能保持较强的视觉冲击力，如图 2-1-9、图 2-1-10 所示。

（3）独特性。独特性是标志设计的最基本要求。标志的形式法则和特殊性就是指标志具备独特的个性，不允许丝毫的雷同，因此标志的设计必须做到独特、别致，追求创造与众不同的视觉感受，给人留下深刻的印象。标志设计最基本的要求就是要能区别于现有的标志，应尽量避免与各种各样已经注册、已经使用的标志在名称和图形上的雷同。标志只有富于创造性、具备自身特色，才有生命力。个性特色越鲜明的标志，视觉表现的感染力就越强，如图 2-1-11 至图 2-1-13 所示。

项目一　VI 基础设计　033

图 2-1-9　瑞典工艺协会品牌 Logo　　　　图 2-1-10　瑞典工艺协会品牌新形象视觉设计

图 2-1-11　"硒味园"品牌设计　　图 2-1-12　南阿尔伯塔省　　图 2-1-13　德蒙特勒伊风格剧院标志
　　　　　　　　　　　　　　　　　　　　　理工学院标志

（4）新颖性。标志内容可以选择的范围比较广，因此更需要新颖的造型来树立企业形象、增加存在感和加深印象。新颖别致的标志图形，不仅决定了标志传达企业情况的效果，而且在很大程度上影响到消费者对商品品质的信心和对企业形象的认同感，如图 2-1-14、图 2-1-15 所示。

图 2-1-14　法国大巴黎地区标志　　　　　　图 2-1-15　法国大巴黎地区品牌识别

（5）延展性。企业标志是所有视觉传达系统中出现频率最高、应用最为广泛的基本要素，必须适合各传播媒体的应用。标志图形要针对印刷方式、制作工艺技术、材料质地和应用项目的不同，采用多种对应性和延展性的变体设计，以产生切合、适宜的效果与表现。如图2-1-16、图2-1-17所示，蛋壳网家装品牌Logo图案是由建筑装饰纹样和互联网英文字母变化引申而来的，而蛋形很好地贴合了蛋壳网主题。该标志以多种变化丰富的装饰图案（由线条和几何图形重复渐变构成）在蛋体上进行表现，充分体现了蛋壳网是涵盖互联网、IT业界、通信及大众科技新闻等众多服务，透明、环保的网络家装平台。

图2-1-16　蛋壳网家装品牌标准标志

图2-1-17　蛋壳网家装品牌标志延展

（6）时效性。企业形象设计要赢得大众的认可，并非简单地迎合或被动地适应大众的心理，而要主动适应并引导社会心理，只有这样才能产生具有先进性、前卫性的企业形象。随着社会的发展，人们的审美情趣也在相应地变化，企业形象不仅要与时代合拍、顺应时代潮流，还要在一定时间段带给人们与往日不同的感受，这样更能够加深人们对企业本身的印象。如图2-1-18至图2-1-25所示，在伦敦奥运会期间，Google的标志每天都与赛事相关。可见，这不仅可以加强系统形象应用的灵活性，而且使标志本身具备了自我推广的广告效益，从而在更大程度上提高系统形象的认知率，实现形象传达的持久性。

（7）行业性。各行各业的标志都有所不同，各个企业的标志也有差异性，但是在设计标志的时候，标志仍然要传达出企业的行业特征，同时表达自己的个性，这个时候就需要设计人员充分了解企业，了解这个行业。如图2-1-26所示，俄罗斯的蜗牛酒店标志外形十分亲切可爱，寓意为蜗牛离开了它的外壳单独去旅行，蜗牛的身体是藤蔓花纹形状的传统钥匙形象。虽然现今的酒店都已经不再用这种传统的钥匙而改用电子钥匙，但是传统的形象在人们心中根深蒂固，因此，这个标志是非常有说服力的酒店业务的象征。

（8）信息性。标志传递的信息有多种内容和形式。其内容信息有物质的，也有精神的；有企业的，也有产品的。其信息成分有单纯的，也有复杂的。信息传递的形式，有图形的，有文字的，也有图形与文字结合的。一般而言，标志信息的处理与调节，应尽量追求以简练的造型语言表达出既内涵丰富，又有明确侧重，并且容易被观者理解的兼容性信息。优秀的标志都具有形象简洁、个性突出、信息兼容的特点，此外，它的名字应响亮、动听、顺口，造型应简洁、明晰、易于识别，使商标无论在听觉和视觉上都具有通俗、易记的个性特征。如图2-1-27所示，Power是一项起源于IBM与Freescale半导体的技术，被广泛应用在汽车控制、家庭游戏与媒体中心的远程信息处理控制领域。这个标志表达了能量与活力的含义，并以一种流动感表现出开放性、灵活性与敏捷性。标志的颜色为绿色，表达出和谐、能源以及新思维等信息或寓意。

图 2-1-18　2012 年 7 月 27 日——开幕式

图 2-1-19　2012 年 8 月 5 日——花样游泳

图 2-1-20　2012 年 7 月 29 日——跳水

图 2-1-21　2012 年 7 月 30 日——击剑

图 2-1-22　2012 年 7 月 31 日——吊环

图 2-1-23　2012 年 8 月 1 日——曲棍球

图 2-1-24　2012 年 8 月 4 日——撑竿跳高

图 2-1-25　2012 年 8 月 6 日——标枪

图 2-1-26　蜗牛酒店标志　　　　　　　　　　　图 2-1-27　Power 标志

标志是 VI 设计的核心，是 VI 手册基础中的基础，是代表企业的静态符号，是企业与消费者之间沟通的桥梁。图形标志、字体标志、图形与字体相结合的标志已经在我们的视线中存在了很多年，近几年，字体类的标志由于更加具有说明性，从外观上又能很好地变形，因此更加受到企业的欢迎，已经隐约有了取代图形标志的趋势。不管怎样，标志的形式只会越来越新颖并且多样化，越来越需要设计人员的创新和想象力。

（二）标志制图

标志的制图方式有很多种，无论应用几种或哪一种，最终的目的都是清楚地展现标志的制作标准，为今后的标志在现实中应用提供方法和标准。

标志的标准制图方法有以下几种：

（1）网格标注法：利用网格的单位尺寸表明标志各部位的位置和宽度。其中的单元格必须是正方形，如图 2-1-28 所示。

（2）尺寸标注法：直接标示出标志图形的各个部位的尺寸，如长、宽、高、直径、半径。

（3）圆弧角度标注法：将标志中的圆弧、斜线部位标明弧度和角度，如图 2-1-29 所示。

（4）比例标注法：以标志某个局部的尺寸作为基本的参数，其他尺寸均与其成倍数关系。

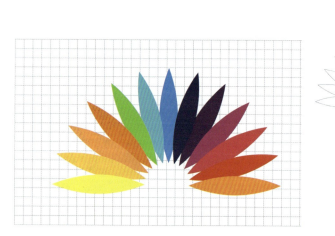

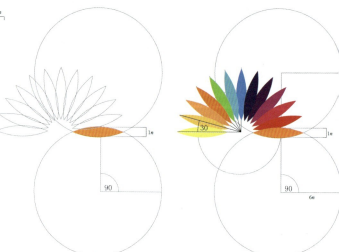

图 2-1-28　网格标注法　　　　　　　　　　　图 2-1-29　圆弧角度及比例标注法

当然，在实际的应用中要根据标志的具体造型决定制图的方法，而且方法不只这些，但要思路清晰、简单易懂，不给日后的应用制造障碍，如图2-1-30、图2-1-31所示。

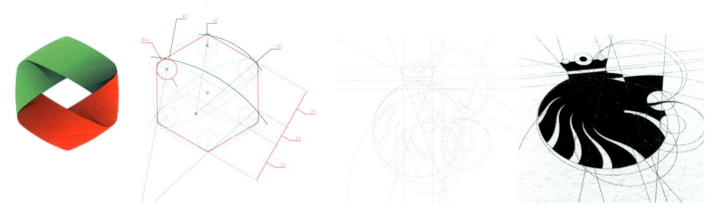

图 2-1-30　圆弧角度及比例标注法　　　　　　　　图 2-1-31　标志标准制图法

（三）标志释义

标志释义就是对标志意义的文字性诠释。

经过设计者的全方位整理、归纳、修饰，标志呈现给大家的应该是最能够代表企业或集团理念的一个符号，它往往以简洁的图形体现丰富的内涵。如果没有对企业进行深入了解，有些时候我们从图形表面常常看不到太多的层次，也就不能体会到标志所代表的深刻含义。所以设计者应以文字的方式对标志进行诠释，如此不仅可以让拥有者从内心产生共鸣，也可以让其他相关者体会其意义，从而形成准确的理解，并以此帮助社会大众对标志形成记忆。通常标志释义与标志的色彩稿放在VI手册正式内容的第一页。

标志释义可以分为以下几个部分：

（1）造型的来源：包括造型要素的来源说明、造型要素的特点等。例如，某标志是由代表某意义的英文单词的首写字母作为基础来造型的，这样就说清楚了该标志造型要素的来源。

（2）图形的意义：有一些标志造型是经过了提炼的、抽象的，这就更加需要对受众诠释经过提炼的简洁图形从何而来，如何提炼的，表现了什么内容，以表明这个造型的意义准确、巧妙或是不同凡响。

（3）色彩的意义：色彩是表现图形个性的另外一个重要因素。同样的标志，如果搭配不同的色彩，将显现不同的气质。而为某个标志专门搭配的色彩，是用于传达某种特殊意义的，所以也要进行文字诠释，使人们了解设计师的初衷。

下面以越南旅游新形象的标志释义作为例子进行说明，如图2-1-32所示。

造型来源：陈怀德画家的五彩"莲花"设计图是越南旅游的新形象标志。莲花是越南的国花，越南是一个崇尚佛教的国度，千年佛教的深远影响已经散布到这里的每一个角落，所以象征佛教的莲花也因此大受欢迎。

图 2-1-32　越南旅游标志

微课13　标志设计

图形意义：越南把莲花作为国花，把它视为力量、吉祥、平安、光明的象征，还把莲花比喻为英雄和神佛。东南亚的佛教民众在拜佛时都用莲花蘸清水洒向佛像以表尊敬和祈福。总之，一切美好的理想皆以莲花表示。而政府把金莲花定为越南的国花，是由于它柔美、艳丽，是越南人民开拓进取、积极向上的象征。之前的标志是莲花的花苞，现在则改为开放的莲花，表示越南旅游进入蓬勃发展的新阶段。

色彩意义："莲花"形象包括五种颜色，其中以蓝色为主导颜色，象征着越南主要旅游产品之一的海岛旅游；绿色代表生态旅游；橙色代表历史文化旅游；紫色代表探索、风险旅游；粉红色代表越南人的活跃和友谊。

二、知名案例

（一）俄罗斯 ALUTECH 集团品牌标志

1. 企业背景及标志更新缘由

俄罗斯的 ALUTECH 集团重组并成为铝产品的领先制造商时，集团管理层认为原有的企业和品牌标志不再符合集团的成就以及进一步发展的计划，于是 ALUTECH 集团决定进行品牌更新。

2. 新品牌标志要求及特征

经过调查研究，该集团总结了新品牌的基本要求：诚实的管理、严明的纪律、创造性的工作、过硬的产品质量和简洁完美的设计，进而确定了品牌的名称和宣传口号。

最终完成的品牌形象有如下特征：

（1）强调了该公司在同一个品牌旗帜下有四个不同领域的产品。

（2）表明合并后的集团结构完整、制度明确规范。

（3）秉承干净、透明和现代的欧洲美学。

（4）明亮、动人且不同寻常。

3. 新品牌标志释义

四个生产地区分别设计了方便区分的形象图形：卷帘门、门、铝型材系统和自动系统。其强调了公司在同一品牌下有四个不同领域的产品，分别以四种不同的颜色和图形体现，橘红色的卷帘门设计、绿色的横条门设计、蓝色铝型材系统设计和红色自动系统设计，皆以渐变色的简单图形设计体现要点，下面再配以品牌文字，非常舒适简练的 Logo 品牌设计便诞生了，如图 2-1-33、图 2-1-34 所示。

图 2-1-33　ALUTECH 集团新标志　　图 2-1-34　ALUTECH 集团四个生产地区的标志

新的视觉系统使用了"模块化"的解决方案和明确的"几何"图形，从而清晰形象地传达了集团的新变化。标志在实际的应用中，能够很好地适应多种材料和媒体，可进行适当的变化以适应环境，既保持了企业形象的持续性和统一性，又能够让人耳目一新，如图 2-1-35 所示。

图 2-1-35　ALUTECH 集团新标志应用场景

（二）奥地利电信 A1

1. 奥地利电信 A1 的形成与品牌发布

2010 年年初，奥地利电信集团将其固网业务公司奥地利电信（Telekom Austria）和以"A1"为主要品牌的移动业务公司 mobilkomaustria 合并，并更名为奥地利电信 A1（A1 Telekom Austria）。新 A1 标志由 Saffron Brand Consultants 设计。

2. 新标志释义

新 A1 标志是一个 3D 的 Logo 并且有各种形态。A1 自称是欧洲第一家使用"灵活性 Logo"（相当于系列 Logo）的电信公司。新 A1 标志的特点是：右上角的"1"是固定不变的，字母"A"会"换穿"不同纹理的"衣服"。这些纹理因不同的主题而变化，例如涉及环境的话题时，"A"的"衣服"就会变成草地。图 2-1-36 所示为新 A1 标志的标准形式，图 2-1-37 所示为新 A1"灵活性"标志各种主题的纹理变化。

图 2-1-36　新 A1 标志的标准形式

图 2-1-37 新 A1 标志的纹理变化

（三）PLEXUS PUZZLES 图案标志设计过程

图 2-1-38 至图 2-1-42 是 PLEXUS PUZZLES 标志从草稿到成稿设计开发的整个过程，从中既能学习到标志的设计方法，又能感受到设计师的认真态度。

如图 2-1-38 所示，在设计初期，标志以字母的形态出现。

如图 2-1-39 所示，字母造型的标志继续深化，并产生了字母笔画叠加的效果。

如图 2-1-40 所示，通过对开头字母 P 的扩展设计，得到了图形式的标志，其中的图案使标志看起来更具有深意，信息含量扩大了。

如图 2-1-41、图 2-1-42 所示，改变标志图案内容的疏密程度，使标志更宽松，更有空间感，最后定稿，并进行 PLEXUS PUZZLES 视觉系统标志变形设计和应用系统设计。

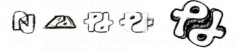

图 2-1-38　PLEXUS PUZZLES 标志绘制过程一

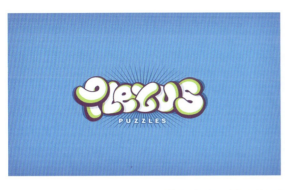

图 2-1-39　PLEXUS PUZZLES 标志绘制过程二

图 2-1-40　PLEXUS PUZZLES 标志绘制过程三

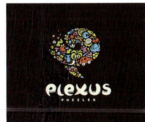
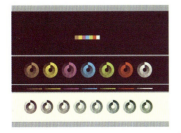

图 2-1-41　PLEXUS PUZZLES 标志绘制过程四

视频案例2 哥本哈根气候大会标志

图 2-1-42　PLEXUS PUZZLES 应用系统设计

三、实训任务

标志基本要素规范由企业标志、中英文标准字体及企业标准色三部分构成，它们是整个企业形象识别系统的核心。企业对外统一的视觉形象由此确立。基本要素设计一经确立，即应严格规范，不可随意变更修改，因此，凡涉及企业形象、标志应用等，均应严格遵循 VI 手册中的规范，以树立完整、统一的企业形象。

（一）建通房地产开发有限公司新标志设计

1. 任务调研

大连建通房地产开发有限公司是 2000 年成立的一家从事房地产开发、经营、管理和服务活动，并以营利为目的，进行自主经营、独立核算的企业，承揽多个房地产开发项目，因公司没有统一的形象，原有旧标志形态繁杂，不够简洁，不能很好地传播企业形象，且社会认知度不够，不利于企业今后发展，急需设计一个新标志改变企业落后的形象。

2. 任务要求

（1）体现房地产行业特色。

（2）表现出企业深厚文化内涵和发展前景。

（3）标志识别度高、易于记忆。

（4）形态简练、色彩协调，有行业特点。

3. 任务方案提出

学生为该企业设计了一整套视觉形象识别系统，其中五个方案获企业好评。

（1）方案一。方案一的标志设计如图 2-1-43 所示。

①以公司名称"建通"拼音首字母"J、T"为设计元素，变形为极具民族特征的传统图案——"回纹"，标志整体感觉祥瑞、大气，流露出企业深厚的文化底蕴。

②标志整体方、正、稳重，线条结构严谨、通透，体现出建筑之美，并与"建通"字面意义相符。

③标准色为中国传统的大红，尊贵、威严，彰显王者之气。

④标志中字母"T"采取双线结构，巧妙地暗合汉字"开"，准确传达出企业的行业特征——"房地产开发"。

图 2-1-43　建通房地产标志一（陈晨设计）

（2）方案二。方案二的标志设计如图2-1-44所示。

①以公司名称"建通"拼音首字母"J"为设计元素，用一条弧线将字母上下分割，巧妙地将上部分变成连体楼的建筑外观（建通民生·松竹苑项目建筑结构外形），下半部分为蓝色的海面，既体现出企业的行业特征，又体现出"海景楼"的项目特征。

②弧线象征广阔的地平线，使标志具有透视效果，并寓意建通的开发项目拔地而起。

③标志设计略向右倾斜，极具速度感与现代感，传达出企业高效率、快节奏的工作作风与企业不断进取的发展态势。

图2-1-44　建通房地产标志二（李晓卉设计）

（3）方案三。方案三的标志设计如图2-1-45所示。

①标志主体为建通民生·松竹苑项目建筑外观的楼体剪影，字母"J"变形为冉冉升起的太阳，底部为海浪形象纹饰，既体现了企业的行业特征，又体现了海景楼的项目特征，并勾画出大连房产项目的地域特征——阳光、海景。

②此标志的精髓是标志负形中隐含一个汉字"上"。

寓意一：传达出企业的经营、发展理念——力争所开发项目均为上乘之作。

寓意二：企业不断进取、蒸蒸日上的发展态势。

图2-1-45　建通房地产标志三（张砚玉设计）

（4）方案四。方案四的标志设计如图2-1-46所示。

①以公司名称"建通"拼音首字母"J、T"为设计元素，"J"变形为建通民生·松竹苑连体楼外形剪影，上部为蓝色的天空，两个色块组成正方形，中间负形部分恰好形成白色的字母"T"，整个标志优美和谐，一高一低两座楼近大远小，极富透视效果，体现出行业特征与建筑特征，并寓意企业无限广阔的发展空间。

②标志外形方、正、稳重，简洁中有变化，对角的弧线划过，使标志静中有动，展示出企业无限壮大的发展态势。

图2-1-46　建通房地产标志四（赵利程设计）

（5）方案五。方案五的标志设计如图2-1-47所示。

①以公司名称"建通"拼音首字母"J、T"为设计元素，J与T前后交错，具有层次感与空

图2-1-47　建通房地产标志五（王雪设计）

间结构,极富建筑意味。

②J与T的组合又形成汉字"开",准确传达出企业的行业特征——房地产开发。

③标志略向右倾斜,静中有动,富有速度感,寓意企业不断发展的态势。

(二)中正一和金属装饰制品有限公司新标志设计

1. 任务背景调查

该公司是集设计、制造、安装于一体的铜装饰门专业生产厂家,产品广泛用于酒店、金融机构、政府部门等公用场所和高等住宅、别墅。目前公司正处于高速的发展期,但因形象陈旧,识别度较弱,影响企业今后发展,急需改变现有形象。

2. 任务要求

(1)企业下含多个子公司,要求标志综合母公司和子公司特点,体现行业特色。

(2)表现企业深厚文化内涵和发展前景。

(3)标志识别度高、易于记忆。

(4)形态简练、色彩协调,有行业特点。

3. 任务方案提出

学生为该企业设计了一整套视觉形象识别系统,并被该企业选中,如图2-1-48、图2-1-49所示。

图 2-1-48
标志设计草图

图 2-1-49
效果表现

（1）企业标志、标志变形及标准化制图，如图2-1-50至图2-1-55所示。

（2）企业标志释义。其企业标志由三个基本要素构成：

① 标志主体为图形标志（凤纹形象）。

② 企业英文简称（YIHE ENTERPRISES）。

③ 企业中文简称（一和企业）。

中正一和金属装饰制品有限公司（以下简称一和企业）标志主体为中国古代传统"凤纹"形象，龙、凤都是古文化中最具代表性的祥瑞之物，是古建筑、铜器等上出现最频繁的装饰纹样，与铜文化有着不可分割的渊源。

以"凤"作为企业标志的主体形象，彰显出企业深厚的文化底蕴，又直观体现了企业的行业特征。"凤"是百鸟之王，自然有王者之气，标志中凤翅设计成"回纹"造型，又似祥云，更添祥瑞之气。凤翅向心旋转，比喻一和企业"融合"内部一切积极因素和优秀的设备资源、人才资源，迸发无限的发展动力。

标志以企业名称中的"和"字为核心，凤纹既是汉字"和"字，又是英文字母"He"的艺术变形，可谓中西合璧，极具传统韵味，又流露强烈的现代意识，贴切地传达出企业的经营理念：传统工艺与现代艺术并重，中国文化与西方艺术交融。

标志外轮廓为略带圆角的正方形，形似印章，又似铭牌，方正、平直，略显圆润，严谨，规矩又不失亲和，凤尾飘扬，突破轮廓，寓意弘扬传统，又不断突破创新。

图 2-1-50 标准标志

图 2-1-51 标志各要素间位置、距离、比例关系

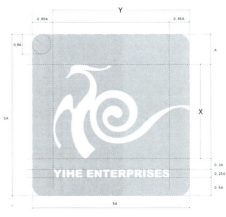

图 2-1-52 标准标志标准化制图（网格）

图 2-1-53 标准标志（正形）

图 2-1-54 反白效果（负形）

图 2-1-55 标志线稿

课后习题

1. 简述标志设计如何进行创意表现，标志设计要点及其分类，绘制标准制图的目的。
2. 根据所学标志设计项目知识内容，选择当下企业具体实训项目进行设计并制作：

(1) 企业标准标志。
(2) 企业变形标志：标志正稿（黑白稿）、负稿（反白稿）、线稿、变形等，每一个都必须做。
(3) 标志释义（按照造型的来源、图形的意义和色彩的意义三部分解析）。
(4) 标志的标准制图。

设计要求：
(1) 设计中充分体现标志的特点和功能。
(2) 色彩运用合理，各要素表现明确。
(3) 设计风格独特，有创意，设计符合品牌行业特征。

子项目二　字体设计

一、知识点

企业的字体设计基本包括两大类：标准字体和印刷字体。

（一）标准字体

标准字体是指经过设计的专用以表现企业名称或品牌的字体。通常是对企业或品牌的名称、宣传标语、广告语等文字进行设计，组合成风格独特、个性突出的整体。标准字体是企业形象识别系统中的基本要素之一，应用广泛，常与标志结合在一起，具有明确的说明性。经过精心设计的标准字体与普通印刷字体的不同之处在于：除了外观造型不同，更重要的是，它是根据企业或品牌的个性而设计的，对笔画的形态、粗细、间的连接与配置，统一的造型等都做了细致严谨的规划，比之于普通的印刷字体更加美观且具有特色。

企业名称标准字体与标志一样，也是企业文化和企业形象的一种象征，包括企业的中英文名称字体样式。企业名称标准字体应独具风格，因为其出现在各种场合的频率不亚于企业标志出现的频率。它以其文字视听的直接性，准确地传达企业形象。在设计上要求具有强烈的个性和美感，易于阅读，与标志风格具有统一性等。在文字形式的创新上，既要顺应流传几千年的文字规则、笔画及结构特征，又要适当添加或简化。需要注意的是，由于标准字体的主要任务是以文字传递企业形象，因而无须过分装饰，不要让人眼花缭乱，但求新颖、别致、有所创新。

标准字体包括企业名称标准字体、品牌名称标准字体以及广告字体。同时，其分中外文两大类别，外文在没有规定的情况下，一般采用英文。

企业名称标准字体以及品牌名称标准字体、广告字体在风格上可存有差异，但内在的精神实质必须建立在同一个基础之上。中外文名称标准字体虽在结构上有极大的区别，但是在设计上应力求风格统一，使人有相似的感受。需要注意的是：要能够反映企业的特点和风格；要保持中英文在形式上的一致性，既可以协调统一，也可以对比互衬；字体形式不要太过求异。所谓一致，是指具有关联性，另外，如果其让人们难于辨认，就起不到以文字语义传递企业信息的作用了。

图2-1-56所示为菲律宾东西银行（East West Bank）启用的新形象，该标志由Future Brand新加坡办公室设计。East West Bank新标志由一个向东、一个向西，方向相反的"箭头"组成，这正对应银行的名称，颜色系统则采用紫色和浅黄色，两个箭头的连接寓意银行和客户之间紧密的联系，中间连接的黄心象征银行关注客户的需求和期待。标准字体采用FF Max字体，很有亲和力，并且在广告宣传中的应用丝毫没有障碍，使企业形象达到了统一的目的。

图2-1-56　菲律宾东西银行的标志

进行标准字体的设计，通常需要具备一定的字体设计知识。在VI系统规划中，企业名称标准字体一般包括中文简称标准字体、英文简称标准字体、中文全称标准字体和英文全称标准字体。另外，还要视企业业务涵盖的地域增加不同语言的标准字体，如想进入法国市场，则需要加入法文标准字体。

1. 标准字体的种类

从企业VI中的应用系统看，需要标准字体的地方很多，标准字体种类繁多，功能各异，然而最基本的、共同的任务，在于建立企业、品牌等独特的风格，塑造独特的形象，以期达到易于识别的目的。其种类主要有以下几种：

（1）企业名称标准字体。企业名称标准字体是对企业名称的统一设计，主要表现企业的经营理念和企业精神，建立企业的信誉。企业名称标准字体是其他各种标准字体的基础，如图2-1-57至图2-1-59所示。

（2）产品名称标准字体。产品名称标准字体用以表现个别产品的功能和个性，往往用一些有亲切感、容易记忆的名称和字形。企业名称标准字体和产品名称标准字体在一些企业是合为一体应用的，而在一些大的集团公司，则是分开进行设计的，如图2-1-60所示。

（3）标题（宣传）标准字体。标题标准字体通常用于广告文案、专栏报道、连载小说、电影广告的开头等。这种标准字体的主要特点是极具感染力和吸引力。

图2-1-57　海底捞新Logo品牌标准字体

图2-1-58　开饭了品牌标准字体

图2-1-59　海鲜快餐连锁店海滋客品牌标准字体　　　　　图2-1-60　产品名称标准字体

2. 标准字体的功能

合理的标准字体设计，对于企业形象的树立和企业信息的传递，具有十分重要的作用。经过精心设计的标准字体，应该具备以下几项功能：

（1）使企业名称形象化。这实际上是把企业名称转化为像企业标志一样的图形元素，视觉上的直观表现及审美氛围在强化企业标志的接受力和感知力的同时，强化了企业识别标志的辨识度。

（2）能将企业的形象以充满情感的方式传送。信息的传播和认同，是与情感的感染、交流分不开的，通过对标准字体的审美化设计，能将企业形象识别的过程转化为一种情感体验，使员工和社会公众在潜移默化中接受和认同企业的标志。

（3）能体现企业的理念和整体经营风格。因为标准字体的用处极为广泛，因而企业究竟是属于稳重型、奔放型、勇于创新型还是热情型，在标准字体的设计中均能体现出来。在这一点上，标准字体的设计甚至比标志的设计还要值得注意，因为标志的图形属性，很容易让人们带着情感感受它，而标准字体的理性一面相对多一点，若要展现情感的一面则要付出更多的努力。

3. 标准字体的设计程序

由于标准字体能够代表企业的形象并渗透于生活的方方面面，因此标准字体的设计要具有新意，这一标准是衡量标准字体设计是否达到目的的标准之一。标准字体的设计程序必须科学、合理，并符合审美要求，这样才能够创造出适合企业风格的字体造型，表现企业真正的理念。

（1）调查分析。在进行标准字体的设计之前，应着手对企业现有的名称、标志及竞争对手的标准字体的信息进行收集、整理和分析。在比较这些标准字体的优缺点之后，可以征集企业员工的意见、建议以及收集一些专业公司的咨询意见，从而归纳出其中的共性和规律，得出调查意见，使其成为标准字体的具体设计的依据。调查主要围绕以下几个方面的问题进行：消费者对于企业的认知度、消费者对于企业广告的接触度、企业形象在消费者心中的定位、企业名称给人的信任感、企业标准字体的现代感和新颖感等。

（2）对企业标准字体的具体造型。这一步骤实际上是在对企业现状调查和企业未来预期的基础上，对企业名称字体进行的总体规划。如字形的方或长、高或扁、样式风格及字体的嵌入内容等。其主要有以下几个方面的内容：

①确定企业名称的字体，包括英文字体或中文字体的选取和设计、字体的表现形式的确定、字体是集中成一行还是迁就特殊的空间分写成几行。

②确定标准字体是固定成阳体（以明亮的底色配之以暗色的字体）还是阴体（以深暗色的底色配之以明亮的字体），或根据具体情况确定为其他明暗程度不同的字体。

③确定企业名称的书写方式，是水平书写还是垂直书写，或是依据情形的不同用不同的书写方式。

④确定字距的大小、字形的弯曲程度、字体的颜色与底色之间的深浅程度等。

（3）字体的错觉和校正。与企业名称相同，字体框架构造好后还需要进行字体的错觉纠正，如线的粗细错视纠正、点线的错视纠正、黑白线的错视纠正、正方形的错视纠正等。

4. 标准字体的表现手法

（1）书法标准字体设计。书法是我国具有三千多年历史的汉字表现艺术的主要形式，既有艺术性，又有实用性。

书法标准字体是相对印刷字体而言的，如图 2-1-61 所示，一般分两种：一种是名人题字；另一种是设计书法体或者说是装饰性的书法体，这种字体是以书法技巧为基础设计的，介于书法和描绘之间。有些设计师尝试设计书法字体作为品牌名称标准字体，以呈现出活泼、新颖、富有变化的画

图 2-1-61　书法标准字体

面。但是，书法字体也会给视觉系统设计带来一定困难，首先是与标志图案相配的协调性问题，其次是是否便于迅速识别。

（2）装饰字体设计。装饰字体是在基本字形的基础上进行装饰、变化而成的，在视觉识别系统中，具有大方、便于阅读和识别、应用范围广等特点。它的特征是在一定程度上摆脱了印刷字体的字形和笔画的约束，根据品牌或企业经营性质的需要进行设计，达到加强文字的精神含义和富于感染力的目的。如图 2-1-62 所示，装饰字体既有印刷字体的信息传递功能，又能够结合企业标志及企业的自身特色进行设计。

图 2-1-62　装饰字体

（3）英文字体设计。为了参与国际竞争，企业的名称通常都采用本国文字和英文两种字体，因此，英文是人们比较常见的一种字体形态，这里所说的英文字体同上面的中文装饰字体一样，并不是直接利用字体库里的印刷字体，而是要根据需要进行变化调整。重新设计的字体既要美观，又要适合自身需要，如图 2-1-63 所示。

图 2-1-63　英文字体设计

5. 标准字体的制图

标准字体的制图与标志的制图方式相近，基本上以说明问题为主要目的，如图 2-1-64 至图 2-1-66 所示。

图 2-1-64　西班牙国家航空公司字体标准制图

图 2-1-65　西安美术馆标准字体制图

图 2-1-66　标准字体制图法

微课14 标准字体

6. 设计标准字体的注意事项

（1）标准字体的设计虽然讲究新意、美观，但必须保证字体清晰可辨，不能模糊不清。
（2）要保证原创。
（3）具有功能作用而不是毫无意义。
（4）独特醒目而不是容易遗忘。
（5）设计应内涵丰富，能迅速传达企业的理念和个性特征。
（6）赏心悦目，在注册该标志的国家没有不适宜的视觉内容和言外之意。
（7）适用于所有的广告媒体，并能够做企业视觉识别系统各构成要素的统一物。

（二）印刷字体

印刷字体是企业在广告文案和企业的文件中经常要用到的，这些字体也一定要事先设定好，避免给人随意和混乱的印象。根据企业的风格，为其规定用字是十分必要的。印刷字体不需要特意去设计，只要在现成的字体库中选择一套或几套与企业形象、风格相配套的字形即可，英文印刷字体也可用这种方式选定。如图2-1-67所示。

图2-1-67 中、英文印刷字体

二、知名案例

（一）申通快递品牌形象设计

2014年申通快递发布了由中国美术学院陈正达教授设计的全新标志，标志首先对"STO"三个英文字母进行继承和新的诠释，字体由大写"STO"改为小写"sto"，提升了易读性和识别性，更显年轻化，"s"意为申通，"to"表示到达、方向、行动等含义；标志融入"express"一词，明确快递属性；标志的形态提取"包裹"的意象，顺应现代化图标设计的趋势，使其更适用于互联网以及手机平台等应用系统中，如图 2-1-68、图 2-1-69 所示。原有标志中的弧线元素改为由近及远向上延伸，体现出速度感和方向性，代表了申通快递的顺畅流通、积极向上。其次，对品牌的色彩进行了规范，以灰色和橘色为基调，两种颜色在色相、明度上形成鲜明对比，提升了标志的辨识度，既体现出申通温暖而亲和的特色，又富有现代时尚感，如图 2-1-70 所示。

图 2-1-68　旧 Logo

图 2-1-69　新 Logo

图 2-1-70　申通快递标志与字体组合

同标志中的字体一样，企业品牌字体也是利用常规黑体进行的设计改造，最明显的改造痕迹就是在横竖线端点的圆角修饰，圆角装饰既可保留黑体字端庄大方的字体风格，又能区分于其他常规字体，使其具备简洁而鲜明的设计特质，如图 2-1-71 所示。

图 2-1-71　申通快递标准字体

（二）I love shoes 鞋子品牌设计

鞋子是人们非常喜欢且必不可少的一件消费品，其款式新颖、种类繁多，极易激起人们的购买欲望，人们会购买不同的款式，收集它们、关注它们。但鞋子需要有一个地方将其收纳进去，最好的选择就是鞋架子，这也是此品牌图形创作的设计灵感由来，如图 2-1-72 所示。

I love shoes 鞋子品牌 Logo 设计就是以鞋架为原型，将等线的英文字体设计融入图形之中，更好地诠释了品牌的设计理念，其装饰效果也彰显出该品牌的端庄大气，白色、黄色和棕色的色调则创造出一点豪华舒适的感觉，如图 2-1-73、图 2-1-74 所示。

图 2-1-72　鞋架子

图 2-1-73　I love shoes 标志字体

图 2-1-74　I love shoes 品牌应用

三、实训任务：中正一和金属装饰制品有限公司字体设计

1. 标准字体：企业简称

企业中文简称字体为设计字体，以汉字的最基本特征"横平竖直"为设计基础，融合中国古代的装饰纹样"回纹"，整个字形方正、严谨、稳重、大气，与企业的经营主项"铜门工程"相符，极具民族特征，彰显出企业深厚的文化底蕴，又与标志主体凤纹形象风格形成对比，一柔一刚，但和谐统一。字体笔画粗壮有力，细节处又突破常规，形成粗细对比，使字体既粗犷、厚重，又细腻、精致，寓意在深厚的传统工艺中融入尖端的现代技术，传达出企业的经营理念，即企业以雄厚的设备、人才资源和深厚的文化底蕴为基础，同时不断突破传统，将高、精、新技术应用到产品设计、施工中。企业英文简称选用 Arial Black 字体，稳重、严谨、易读，如图 2-1-75、图 2-1-76 所示。

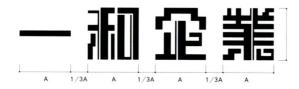

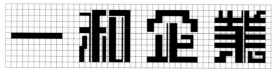

图 2-1-75　企业中文简称及标准制图　　　　　　图 2-1-76　企业英文简称及标准制图

2. 标准字体：企业全称

"中正一和金属装饰制品有限公司"企业全称中英文字体是企业视觉传达系统中的基本要素之一，企业全称中英文字体在企业形象的推广宣传过程中会和企业标志一样频繁出现，直接传达企业

的形象。

中文全称字体采用严肃、稳重、规矩的大黑简体字，英文全称字体采用与中文黑体风格最为接近的 Arial Black 字体，同样稳重、严谨，企业全称中英文字体组合的字体、字距、行距、长宽比例均明确规范，推广传达过程中应严格执行，不可随意调整［注：字体取自汉仪字库，字距依照苹果系统 Adobe Illustrator（R）软件标准］，如图 2-1-77 所示。

企业中英文全称

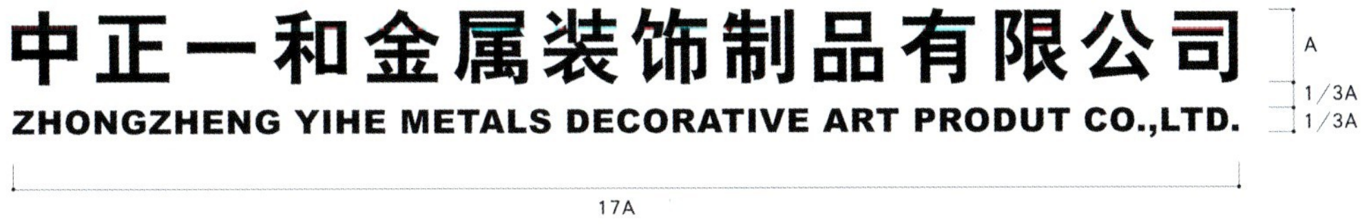
中正一和金属装饰制品有限公司
ZHONGZHENG YIHE METALS DECORATIVE ART PRODUT CO.,LTD.
A
1/3A
1/3A
17A

企业中英文全称标准制图

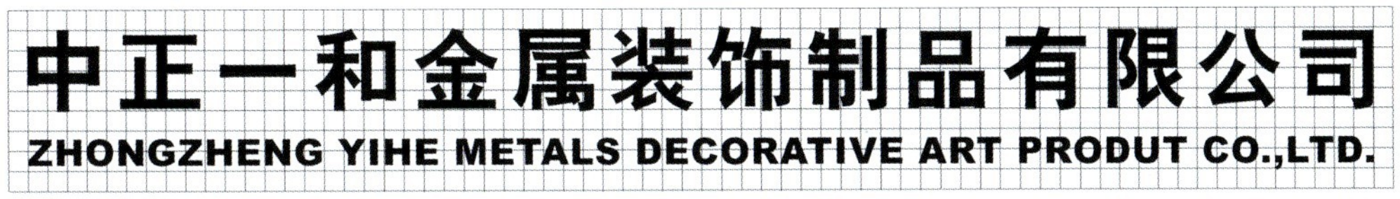
中正一和金属装饰制品有限公司
ZHONGZHENG YIHE METALS DECORATIVE ART PRODUT CO.,LTD.

企业中英文全称反白效果

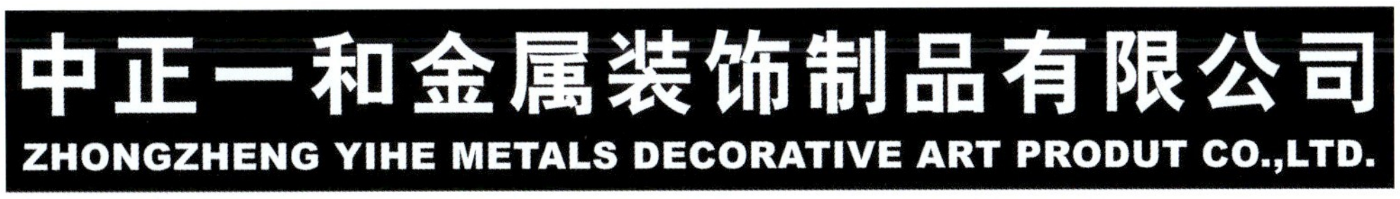
中正一和金属装饰制品有限公司
ZHONGZHENG YIHE METALS DECORATIVE ART PRODUT CO.,LTD.

图 2-1-77　企业全称及标准制图

3. 标准字体：企业宣传（标题）

企业经营项目宣传字体是企业视觉传达系统中的重要因素之一，在企业形象的推广宣传过程中同样会频繁出现，直接传达企业的经营项目及形象。企业经营项目宣传字体为变体（以方正字库姚体为基础），英文字体为 Arial Black，企业经营项目宣传字体、字距、行距、长宽比例均明确规范，推广传达过程中应严格执行，不可随意调整，如图 2-1-78 所示。

企业经营项目宣传字体

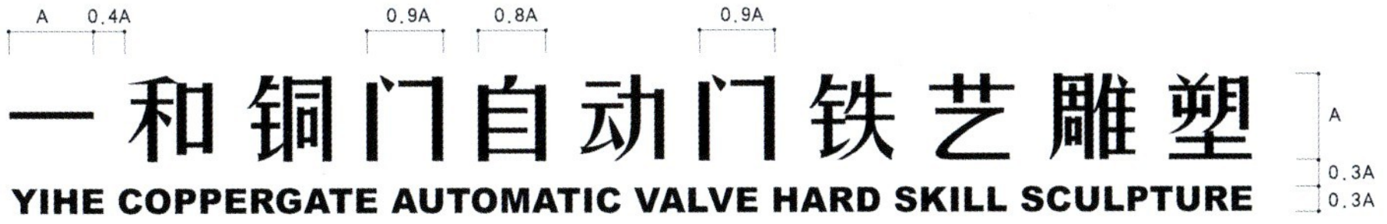
A
0.4A
0.9A
0.8A
0.9A
一和铜门自动门铁艺雕塑
YIHE COPPERGATE AUTOMATIC VALVE HARD SKILL SCULPTURE
A
0.3A
0.3A

企业经营项目宣传字体标准制图

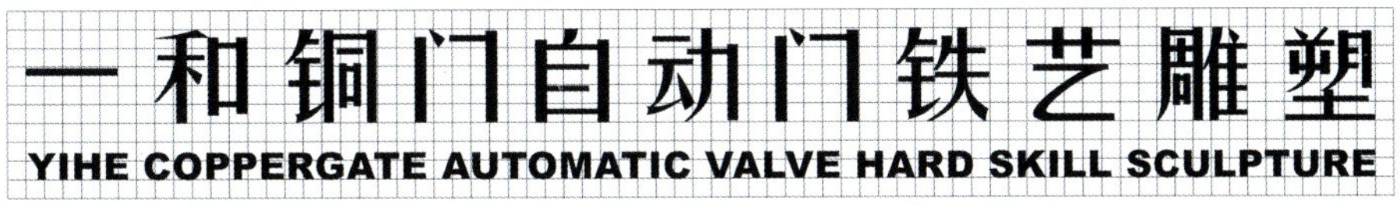
一和铜门自动门铁艺雕塑
YIHE COPPERGATE AUTOMATIC VALVE HARD SKILL SCULPTURE

企业经营项目宣传字体反白效果

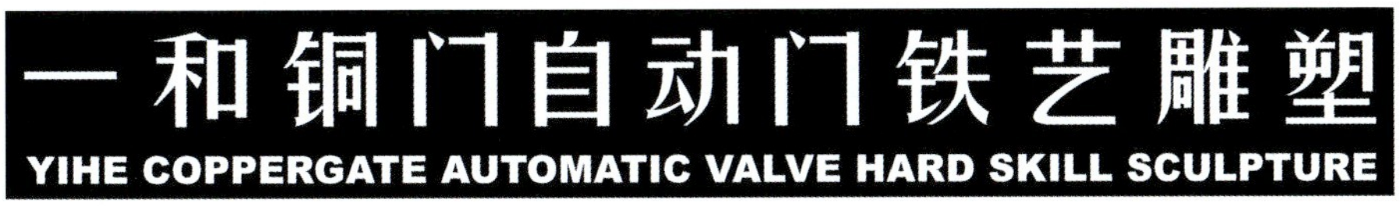
一和铜门自动门铁艺雕塑
YIHE COPPERGATE AUTOMATIC VALVE HARD SKILL SCULPTURE

图 2-1-78　企业经营项目宣传字体及标准制图

企业经营项目宣传字体在实际推广中可相对地灵活变化，为达到良好的广告宣传效果，在此规范几种特例，可在不同场合、不同情况下灵活运用，如图2-1-79所示。

阴影效果

一和铜门自动门铁艺雕塑
YIHE COPPERGATE AUTOMATIC VALVE HARD SKILL SCULPTURE

倾斜效果

一和铜门自动门铁艺雕塑
YIHE COPPERGATE AUTOMATIC VALVE HARD SKILL SCULPTURE

勾边效果

一和铜门自动门铁艺雕塑
YIHE COPPERGATE AUTOMATIC VALVE HARD SKILL SCULPTURE

图 2-1-79　企业经营项目宣传字体

4. 企业印刷字体

为统一企业视觉形象，所有票据、资料、传媒等涉及文字使用的范畴，均应统一字体，以达到规范。视具体情况，字体可倾斜（向右12度以内）、字形高宽比在1∶1.2内做调整，除特殊情况（广告创意、节日、庆典设计等）外均应严格规范，禁止使用其他字体，如图2-1-80所示。

中文专用印刷字体规范

[中正一和金属装饰制品有限公司]专用印刷字体　(汉仪大黑简/大标题、标语)

[中正一和金属装饰制品有限公司]专用印刷字体　(汉仪中黑简/中标题、小标题)

[中正一和金属装饰制品有限公司]专用印刷字体　(汉仪中等线简/正文)

[中正一和金属装饰制品有限公司]专用印刷字体　(汉仪大宋简/大标题、标语)

[中正一和金属装饰制品有限公司]专用印刷字体　(汉仪中宋简/中标题、小标题)

[中正一和金属装饰制品有限公司]专用印刷字体　(汉仪书宋一简/正文)

[中正一和金属装饰制品有限公司]专用印刷字体　(汉仪字魂宋简/正文)

英文专用印刷字体规范

ABCDEFGHIJKLMNOPQRSTUVWXYZ
abcdefghijklmnopqrstuvwxyz
1234567890　(Arial Black)

ABCDEFGHIJKLMNOPQRSTUVWXYZ
abcdefghijklmnopqrstuvwxyz
1234567890　(Arial)

ABCDEFGHIJKLMNOPQRSTUVWXYZ
abcdefghijklmnopqrstuvwxyz
1234567890　(Times-Bold)

ABCDEFGHIJKLMNOPQRSTUVWXYZ
abcdefghijklmnopqrstuvwxyz
1234567890　(Times-Roman)

ABCDEFGHIJKLMNOPQRSTUVWXYZ
abcdefghijklmnopqrstuvwxyz
1234567890　(Helvetica-Bold)

图 2-1-80　中、英文专用印刷字体规范

课后习题

1. 简述企业标准字体设计程序，标准字体分类及其表现手法，每个设计项目的具体内容。
2. 根据所学标准字体设计项目知识内容，延续之前项目继续设计并制作：
（1）中英文企业标准字体，包括企业名称标准字体、品牌（产品）名称标准字体以及宣传字体。
（2）标准字体的中英文标准化制图（企业名称标准字体、品牌名称标准字体以及宣传字体）。
（3）企业印刷字体，选择至少6种风格相近的不同字体（中英文、数字）。

设计要求：
（1）能够传达企业精神、表达经营理念。
（2）风格与企业标志协调。
（3）设计风格独特，有创意，制作严谨。

子项目三 色彩设计

企业形象中的色彩设计是色彩的综合性运用，集审美性、科学性、创造性、应用性于一体。在设计过程中，一方面要运用色彩的形式美法则，从视觉、心理、生理等角度，达到色彩的和谐统一，满足视觉的审美要求；另一方面要保证色彩与企业精神有机结合，也就是要考虑如何让色彩通过自身的表现力更好地表现企业的面貌，使色彩运用符合设计目的。只有色彩与企业形象所要表达的内容一致，色彩语言才能真正地发挥它的作用。

一、知识点

（一）色彩设定的前提

在企业形象设计中，色彩具有举足轻重的作用，能反映企业、团体的经营哲学或商品特质。在色彩设计中应根据企业多方面的需求选择适合、固定的色彩，使受众群体产生特定的认知，才能在纷繁的市场中达到抓住并固定视觉焦点的作用。在色彩的把握上要考虑以下几方面。

1. 企业理念和精神

设计中的色彩要考虑到企业的理念和精神。根据企业经营理念、服务方向或产品的特点，选择适合的色彩以表达企业的可信赖感、商品的优良品质、企业的发展方向等方面的内容。

韩国天然气公司（Korea Gas Corporation，KOGAS）的标志在整体上应用了蓝色，这与企业的理念和精神是分不开的。该公司成立于 1983 年，是全球最大 LNG（液化天然气）进口商和韩国国内唯一的 LNG 批发商。作为全国唯一的 LNG 供应商，KOGAS 致力于为韩国民众提供清洁、安全、方便的天然气能源。一方面，蓝色所代表的清洁和宁静是不言而喻的；另一方面，天然气存在爆炸的可能，这个特性使人们更加希望在使用的时候具有安全感，蓝色是沉静色，能使人联想到水，而水具有的灭火功能从心理上给消费者间接传达一个安全信息；同时天然气充分燃烧后的火焰是蓝色的，这同时传达了产品的又一特质。因此这家公司的色彩选择是非常到位的，如图 2-1-81 至图 2-1-83 所示。

图 2-1-81 韩国天然气公司标志

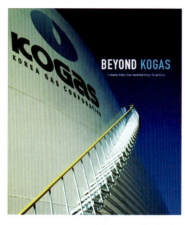
图 2-1-82　韩国天然气公司形象应用

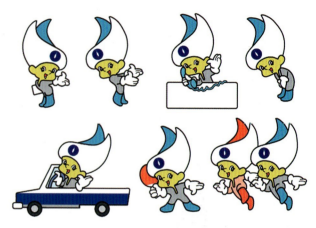
图 2-1-83　韩国天然气公司吉祥物造型

2. 受众群体

了解信息受众对色彩的需求是十分必要的，如：儿童喜欢糖果的色彩，老人喜欢安静祥和的色彩，年轻人则喜欢个性化的搭配等，这些信息完全可以作为设计师的参考。企业所服务的群体或产品所针对的消费群，都是即将面对企业标志的受众群体，在一些时候，受众可能涉及的范围很广，那么不能只顾及部分人的喜好，应选择更容易让人接受的色彩，例如天蓝色和中绿色，这两种颜色大部分人群不会太抗拒。与此同时，不要忘记企业或产品需要有自己的特点，如此才会更容易被人记住。

全球领先传播公司鲲领公关（Grayling）色彩鲜明的 Logo 及网站设计，展示了其对公司品牌、核心服务及增长策略革新的雄心壮志。红绿搭配和透明叠加的效果，表现出公司积极向上、充满朝气的形象，如图 2-1-84 至图 2-1-86 所示。

图 2-1-84　鲲领公关标志设计

图 2-1-85　鲲领公关标志反白

图 2-1-86　鲲领公关网站设计

3. 色彩的审美

色彩设计不仅需注重内涵的体现，也要注重色彩审美性，设计师只有处理好每一块颜色的明度、纯度、色相、冷暖、面积等，色彩才会达到赏心悦目的状态。最好用一种主色来统一标志图形，避免色彩凌乱、难以识别。

波兹南机场是波兰历史最悠久的机场之一。2012年3月5日，波兹南机场启用新的Logo，新标志的设计取自波兹南的城市标志右上角的星星，同时Logo看起来也像是一架飞机或者字母"L"；标志的蓝色同样来自波兹南的城市标志，不过用彩带来衬托，整体色彩在蓝色调的范围内点缀了洋红色的条纹，既保持了与城市标志的色彩统一，又有自己独特的地方，并且色彩很清新，给人以朝气蓬勃的感觉，如图 2-1-87 至图 2-1-90 所示。

图 2-1-88　波兹南城市标志

图 2-1-87　波兹南机场标志

图 2-1-89　波兹南机场辅助图形

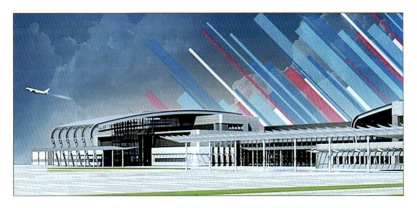

图 2-1-90　波兹南机场视觉形象应用

（二）企业色彩设计分类

企业色彩设计包括标准色和辅助色两类。无论哪一种，都是企业根据自身行业特性选择的最具有代表性的色彩，可以是少数几个，也可以有很多个，关键是要设定好应用规范，避免产生形象上的混乱。如果运用得当，即使多个色彩也可以很好地统一企业形象。

1. 标准色

企业标准色是企业的特定色彩，能够强化视觉刺激及增强受众群体对企业的识别。例如可口可乐公司的红色，就是色彩运用最成功的案例之一，其色彩的感召力是十分强烈的。如今，从事饮料行业的企业在选择红色做标准色时，多半会慎重考虑，以防止被埋没在可口可乐的红色海洋之中。

不同的色相有着不同的性格和情感意味。比如，红色代表热情、向上、吉祥、喜庆，也可表现危险、恐怖；蓝色代表宁静、崇高、深远、凉爽，但也有后退、深奥莫测、绝望之感。色彩之间相互搭配，能产生新的感觉，而标志设计也能够以千万种组合方式确定自己独特的色彩模式。如红与黑古朴、红与黄跳跃，若在明度或纯度方面稍做变化便又是另一番模样了。因此，企业在色彩的设定上，要选用能够反映企业精神、行业特点的色彩。

标准色通常采用1～3种色单独或组合使用。单色容易留给人强烈的印象，但容易与其他企业用色重复；多色的组合比较容易表现，并且形式感很好，但用色过多的话，制作复杂，就变成了弱点。如果标准色在两种色以上，则在这些色彩间，也要分出主次，将其中一个色作为主色。标准色的设计要注意各种颜色本身所包含的色彩特征，还要注意各国各民族的不同偏好，如图2-1-91、图2-1-92所示。

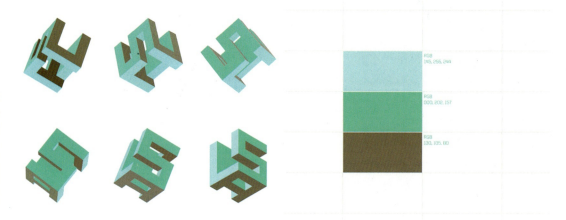

图 2-1-91 标准色设计（一）

图 2-1-92 标准色设计（二）

2. 辅助色

为了弥补标准色在应用过程中出现的单调或不够用的现象，可选用一些色彩进行补充，这些色彩称为辅助色。辅助色可以用来区别不同的部门或不同的场合。辅助色一方面丰富了企业用色，另一方面使企业避免了无限制用色带来的混乱，因此，辅助色对企业非常重要。辅助色的设计要注意与标准色协调。

选定的标准色和辅助色要给出标准的色值，以保证在制作过程中的准确度，需要用潘通色号、CMYK模式和RGB模式标明。一般情况下，标明C、M、Y、K的数值即可，如图2-1-93所示。

二、知名案例

1. Beach Park 水上乐园

Beach Park 水上乐园位于巴西的福塔雷萨，拥有一条举世闻名的超级滑水道，该滑水道120英尺（1英尺=0.304 8米）高、350英尺长。其形象由曾为2012年、2016年两届欧洲杯设计会徽的知名设计机构 Brandia Central 位于巴西圣保罗的分部负责设计。Beach Park 的形象标志整体上传递了该水上乐园的水上欢乐性，Logo 图案中丰富多彩的水管代表水滑梯，这些彩色水管绕成了 Beach Park 的首字母"B"。Beach Park 的色彩系统代表了阳光、海滩、水和草木植被等元素，字体则采用轻松愉悦的手写体，如图2-1-94至图2-1-98所示。

图 2-1-93　辅助色设计

图 2-1-94　水上乐园标志　　　　图 2-1-95　水上乐园标志线稿

图 2-1-96　Beach Park 水上乐园视觉系统（一）

图 2-1-97　Beach Park 水上乐园视觉系统（二）

图 2-1-98　Beach Park 水上乐园视觉系统（三）

2. 储存服务商 CX 新品牌形象

图 2-1-99 至图 2-1-102 所示为由著名品牌咨询机构 Moving Brands 设计的云储存服务商 CX（Cloud Experience）新品牌形象。要使 CX 在已经临近饱和的云储存市场中脱颖而出，独特的品牌形象无疑是 Moving Brands 工作的重点。

CX 此前已经重金购得"cx.com"的域名，因此标志的设计也围绕着"CX"开展，最终的方案是 C 和 X 的色彩叠加。Moving Brands 把其诠释为"Cloud to the Power of X"，意在传达通过来自云端的无限（X 代表无限）力量，用户能够实现并超越他们的期望。新标志有许多变化方案，这一设计的色彩叠加方式无疑为标志加分不少，虽然色彩很多，但是围绕在一个统一的色彩氛围中，也就不会混乱了。

图 2-1-99　不同含义的标志色彩变化

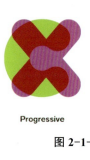

图 2-1-100　更多的色彩变化

图 2-1-101　标准字体色彩变化（一）

图 2-1-102　标准字体色彩变化（二）

三、实训任务：中正一和金属装饰制品有限公司色彩设计

1. 企业标准色

标准色是企业的特定色彩，象征企业精神、传达企业文化，是企业视觉传达系统的重要组成部分。一和企业标准色为红色（PANTONE 80-1 CVS）和黑色（PANTONE Process Black CVU），红色代表尊贵、奔放、进取、向上，色彩感召力强烈，黑色代表稳重、严谨，两色搭配呈现出吉祥、古朴的寓意，具有浓郁的东方文化特征，有效地传达出企业文化与行业信息，具有很强的视觉冲击力，如图 2-1-103 所示。

2. 辅助色

辅助色可以作为标准色的补充，与标准色配合使用，这样既丰富了企业形象又规范了企业的用色范围，如图 2-1-104 所示。

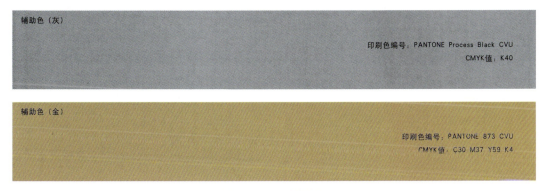

图 2-1-103　标准色

图 2-1-104　辅助色

3. 标准色色阶规范

标准色的不同色阶，可在特定情况下作为标准色使用在不同明度的背景上，也可作为背景色。当背景色深度高于或等于 30% 时，标志可反白，背景色深度低于 30% 时，反白不易识别，应采用标志墨稿，如图 2-1-105、图 2-1-106 所示。

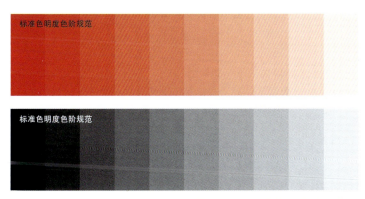

图 2-1-105　标准色色阶规范

图 2-1-106　标志与背景色反差表现

图 2-1-106　标志与背景色反差表现（续）

4. 企业色彩搭配规范

企业标准色与辅助色的搭配，既要协调又要富有变化，为规范企业形象，特对色彩搭配加以规范。在企业形象传达过程中，当标志应用背景色为白色（或无色，如胶片、玻璃等）时，标志可采用标准色、黑白色、金色；当标志应用背景色为标准色（红、黑）时，标志可反白或采用金色；当标志应用背景色为辅助色（灰、金）时，标志可反白或采用标准色，如图 2-1-107 所示。

在企业形象传达过程中，除以上规范外，严禁出现其他任何色彩搭配，以统一企业形象。

图 2-1-107　企业色彩搭配规范

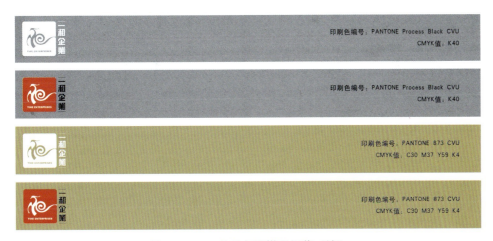

图 2-1-107　企业色彩搭配规范（续）

5. 企业分支机构标准色

为区别企业各分支机构，丰富企业色彩体系，需要规范分支机构标准色，如图 2-1-108 所示。

图 2-1-108　企业分支机构标准色规范

6. 企业分支机构标准色色阶规范

分支机构标准色的不同色阶，可在特定情况下作为标准色使用在不同明度的背景上，也可作为背景色，如图 2-1-109 所示。

图 2-1-109　标准色色阶规范

课后习题

1. 简述标准色、辅助色及其之间的区别,以及辅助色如何应用。
2. 根据所学色彩设计项目知识内容,延续之前项目继续设计并制作:
（1）企业标准色,需标明颜色编号和 C、M、Y、K 的数值。
（2）企业辅助色,需标明颜色编号和 C、M、Y、K 的数值。
（3）企业标准色色阶规范,需标明颜色编号和 C、M、Y、K 的数值。
（4）企业色彩搭配规范,需标明颜色编号和 C、M、Y、K 的数值。

设计要求:
（1）能够传达企业精神、表达经营理念。
（2）风格与企业标志协调。
（3）标准色的设计能够体现企业、产品行业特征。

子项目四　辅助图形设计

一、知识点

在 VI 系统中,除了标志、标准字体以外,非常具有适应性的辅助图形也经常用到。辅助图形也被称为象征图形,其开发设计往往与标志有密不可分的关系,图形的内容、形态、色彩应当与其他要素存在联系。它通过变化多样的装饰纹样来补充企业标志等造型要素所缺乏的丰富性和灵活性。辅助图形由于组合方式十分丰富,装饰效果很强烈,因此常用在包装纸、购物袋以及礼品设计上面,以提高装饰美感。

辅助图形的设计不论是具象还是抽象形态,都应围绕形象塑造的核心理念进行,这样才能保证形象传达的整体性与一致性。在确立基本造型后,尽可能更系统、更丰富地罗列出辅助图形的各种使用方式,供推广者使用。通过多维的延伸和各种形式的排列组合扩大视觉影响力。如图 2-1-110 所示,标志的形象中包含的图形元素就是其辅助图形,而辅助图形的每一种形象都有设计原型。

图 2-1-110
辅助图形设计

二、知名案例

1. 俄罗斯长途电话公司 Rostelecom

俄罗斯长途电话公司 Rostelecom 的新标志由俄罗斯本土的 TNC.Brands.Ads 公司设计。Rostelecom 的新标志可以看作一只"耳朵"的视觉演绎，Rostelecom 的俄语名称"Pocte лekom"首字母"P"如同一只耳朵。对应不同的电信服务，新标志有多种颜色的变化，标准版是蓝色和橙色。辅助图形是以标志图形为基础变化而来的，如图 2-1-111、图 2-1-112 所示。

图 2-1-111　Rostelecom 企业标志和标准字体

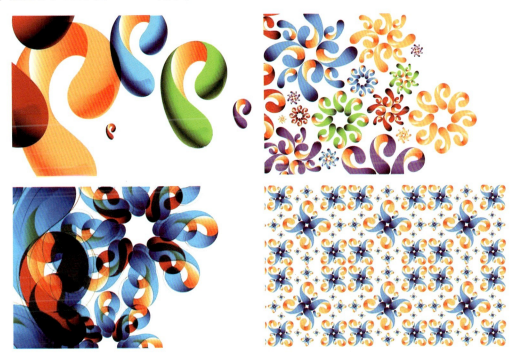

图 2-1-112　Rostelecom 公司辅助图形

2. 贵州"硒味园"品牌设计——上行设计

硒味园品牌设计重点是对于自然生态的解读，标志需突出品牌的绿色生态、健康环保。图形设计整合了阳光、山峦、绿树、牛羊、田野等自然生态元素，经过主观艺术加工，概括成一个简练的图形，同时构成了一幅能够引起大家广泛共鸣的画面，朝阳漫照乡野，老农放牧于田野之间，农作物正在惬意生长。标志既直观、富有亲和力，又富有更多想象和回味的空间，传达出硒味园的生态生产环境和企业追求的真实、自然、淳朴的价值观，如图 2-1-113 所示。

据此，我们按照"硒味园"不同产品的特点提炼出更多的图形元素（"硒味园"辅助图形及推广应用可扫描右侧二维码观看）。通过在品牌延展和包装设计中推广应用，使其产品和品牌形象完美结合，加深消费者对硒味园的认知度。

图 2-1-113　"硒味园"Logo

"硒味园"辅助图形及推广应用

三、实训任务：中正一和企业辅助图形设计

为了充实企业形象，辅助图形在不同项目的视觉传达中可以辅助企业标志，使企业形象更加统一、丰富、饱满。在视觉传达整体要求的基础上，设计企业辅助图形，可在实际应用中达到丰富视觉效果、统一视觉形象的双重作用。

1. 辅助图形设计

截取企业标志图形的一部分进行延展设计，实际应用中可与企业标志、中英文标准字体、经营项目宣传字体、企业宣传口号等要素组合，除黑色以外的企业标准色与辅助色都可作为辅助图形的颜色应用，在实际应用中不可倾斜、旋转或任意使用其他色彩，如图 2-1-114 所示。

图 2-1-114　企业辅助图形

2. 辅助线饰设计

中正一和企业辅助线饰设计如图 2-1-115、图 2-1-116 所示。

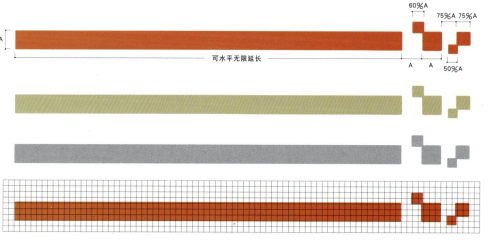

图 2-1-115　中正一和企业辅助线饰设计（一）

图 2-1-116　中正一和企业辅助线饰设计（二）

3. 辅助底纹设计

辅助底纹以企业标志中的基本要素——凤纹图形、企业英文简称做有序排列并旋转 12° 形成，实际应用中可与企业标志、中英文标准字体、经营项目宣传字体、企业宣传口号等要素组合，除黑色以外的企业标准色与辅助色以及其各明度色阶都可作为辅助底纹的颜色应用，如图 2-1-117 所示。

图 2-1-117　企业辅助底纹彩色稿

课后习题

1. 简述开发辅助图形的目的，了解辅助图形的分类及其多样性表现。
2. 根据所学色彩设计项目知识内容，延续之前项目继续设计并制作：
（1）辅助图形设计及其标准化制图。
（2）辅助线饰设计及其标准化制图。
（3）辅助底纹设计。

设计要求：
（1）能够辅助标志传达企业精神、表达经营理念。
（2）有较强的延展性，适用于各种场合和媒介。
（3）设计风格独特、有创意。

子项目五 吉祥物设计

吉祥物又称企业造型，是企业为了强调企业性格，配合广告宣传而专门设计创作的人物、动物或植物等拟人化形象。吉祥物以动感形态引起人们注意，可以在消费者心中建立亲切感，拉近企业与消费者之间的距离。

一、知识点

以动物或植物等拟人化形象作为吉祥物造型，有很强的亲和力以及趣味性，是目前应用最多的一种设计方式。也有一些设计依据企业的标志进行拟人化创意，同样能表现出有趣的形态。

吉祥物存在的目的，是通过具象的造型，让人们理解产品的特征以及企业的理念，因此，在素材的选择上需慎重。设定造型的时候，需考虑各民族宗教的信仰、忌讳、风俗、习惯、好恶等。

吉祥物设计应具备以下特征：

（1）个性鲜明，造型应具有民族、地方特色，或具有某种纪念意义。所选择的图案与企业精神有内在联系。

（2）形象应可爱、生动、有亲切感，能让人们乐于接受，从而达到传递信息、加深记忆的目的。

设定吉祥物的时候，还要考虑到今后的应用，这与辅助图形的设计是相似的，不仅吉祥物本身要有多角度的动作设定，在特殊的场合也可以给它穿上适合的服装，当然，这些都是针对静态的平面媒体设计的应用，现在也有很多以吉祥物为主要角色的多媒体视频，可以将吉祥物生动地呈现在观众面前。在吉祥物的造型上，有的时候也离不开标志的身影，有的手法比较直接，有的可使标志和吉祥物融为一体，如图 2-1-118、图 2-1-119 所示。

图 2-1-118 都灵奥运会吉祥物

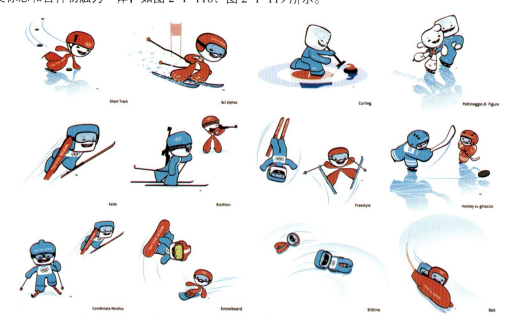

图 2-1-119 都灵奥运会吉祥物动态展现、情景衍生

二、知名案例：Meebo 标志及吉祥物

Meebo 是一家 2005 年创立的互联网公司，旗下的主要产品是基于 Web 的同名聊天工具 Meebo，Meebo 囊括了时下几乎所有的 IM（即时通信）工具，访客可通过通信频道中的 IM 工具与个人主页的主人随时进行交流。Meebo 的标志由字母和蓝、橙两个色块组成，形象类似指尖。标志后面出现了两个"手指头"的卡通吉祥物，一个叫"Mee"，一个叫"Bo"，来自 Meebo 内部设计师 Leslyc Smith 的设计。吉祥物同样应用了标志的颜色，这种对比配色简单明了地与标志设计理念结合在一起，如图 2-1-120、图 2-1-121 所示。

图 2-1-120　Meebo 的 Logo 和卡通形象

图 2-1-121　Meebo 的卡通形象

三、实训任务："扑满特区"主形象设计

这是为南方赣州的一个小户型项目做的一个主形象亮相阶段的提报，是与中海广告中心合作完成的项目（执行设计：张道顺，设计总监：江桦），主要针对的是该地区的刚需市场，比如刚结婚者的婚房、过渡房或者单身人士买房等。

1. "扑满特区"标志释义

该项目标志以逗号和斑马纹组合而成，"逗号"代表着缓歇、放松的状态，出现于文字中，意

味着故事并未结束，美好即将开始。整体形状是通过糖果的外形演变成一个夸张的逗号，象征着甜蜜、放松的生活状态，契合推广主张"该放松时就放松"；同时意味着美好从此开始。在对 Logo 进行深度创作时，我们从本案的创意符号"斑马"上提取线条，佐以搭配，使 Logo 更显时尚和性感，活泼中不失内涵，如图 2-1-122 所示。

图 2-1-122　标志形成（执行设计：张道顺，设计总监：江桦）

2. 主形象形态展现

"扑满特区"主形象是可爱的斑马与不同人物的结合，很好地诠释了该项目以人为本、设施完善、时尚休闲的特色，如图 2-1-123 所示。

斑马富有代表性的条纹，在所有动物中极具特点，斑马鲜明的特性，如同"扑满特区"精装产品的主张——精致、个性、不苟同。

图 2-1-123　主形象形态来源

（1）爱因斯坦 + 斑马。爱因斯坦这一"全球学霸"形象，象征项目周边高端教育配套设施，可以为孩子注入优质教育基因；说明这里的教育给予孩子的，是可以征服世界的眼界和智慧，如图 2-1-124 所示。

图 2-1-124　主形象形态（一）

（2）猫王+斑马。猫王以其卓尔不群的音乐成就，在音乐领域给人难以磨灭的印象，而他时尚、洒脱、前卫的风格，更是成为时代的经典。以猫王形象代表精装，在诠释"扑满特区"居于行业领先地位的同时，也传递了"扑满特区"尊重个性、尊崇自由的生活主张，如图2-1-125所示。

图 2-1-125　主形象形态（二）

（3）阿拉丁神灯+斑马。"人无压力轻飘飘"，阿拉丁神灯里的飞毯形象可以表达没有压力、放松的状态，不仅与"扑满特区"的主诉求"该放松时就放松"相呼应，而且会勾起童年的回忆，使人们回归最简单、纯粹、美好的年代，如图2-1-126所示。

图 2-1-126　主形象形态（三）

（4）超人+斑马。超人形象象征交通路网的纵横畅达，传达出该城市的交通优势，如图2-1-127所示。

图 2-1-127　主形象形态（四）

（5）"鸟叔"+斑马。曾以一曲《江南 style》让全球一起放松的鸟叔作为楼市开盘时的形象，意味着鸟叔将携"扑满特区"再度带着全城一起放松，如图 2-1-128 所示。

图 2-1-128　主形象形态（五）

（6）玛丽莲·梦露+斑马。选择玛丽莲·梦露作为配套设施形象代表，意为繁华配套所赋予人们的永远是无穷的魅力和吸引力，一如魅力女神梦露一般令人无法抗拒；也表达出在繁华的装点下，生活更加精致美好，让人向往，如图 2-1-129 所示。

图 2-1-129　主形象形态（六）

课后习题

1. 简述如何进行企业吉祥物设计，吉祥物设计特点及其变化表现。
2. 根据所学吉祥物设计项目知识内容，延续之前项目继续设计并制作：
（1）吉祥物彩色稿及造型说明。
（2）吉祥物立体效果图。
（3）吉祥物基本动态造型、表情变化及其情景衍生。
（4）企业吉祥物造型单色印刷规范。

设计要求：
（1）能够传达企业精神、表达企业理念。
（2）富有亲切感，具体较强的人情味，和蔼可亲。
（3）设计风格独特、有创意。

子项目六 基本要素整体组合规范设计

一、知识点

企业 VI 系统中的标志、标准字体、标准色等在应用过程中，通常是以群组的方式呈现在人们面前的。因此，在基本要素完全设定后，应该视企业的实际情况，对其进行合理的组合设计。在进行整体组合设计时，对每一项组合都要做量化的规定，使其在今后的实际应用中，在视觉上保持高度一致。这样可以给人留下规范、严谨、整体的视觉印象，从而赢得人们的好感。规定的内容要包括各要素组合时的位置、距离、方向、大小等。当组合模式的编排确定之后，为方便制作和使用，确保企业视觉识别的统一性和系统化，要绘制出组合的标准制图，如图 2-1-130 所示。

图 2-1-130　标志与标准字体组合制图

1. 基本要素组合需要规定的部分

（1）设定空间最小规定值，即规定范围内不能有图片和文字，以便使目标从其背景或周围要素中脱离出来。

（2）为了不使标志由于缩小而变形或模糊，要规定最小尺寸，标志在任何环境下不能小于这一尺寸。

（3）设定企业标志同其他要素之间的比例尺寸、间距方向、位置关系等。

2. 标志同其他要素的组合方式

（1）标志与企业中文全称或简称的组合。

（2）标志与品牌名称的组合。

（3）标志与企业英文名称全称或简称的组合。

（4）标志与企业名称或品牌名称及企业宣传口号、广告语等的组合。

（5）标志与企业名称及地址、电话号码等资讯的组合。

当然，还有一些在应用中比较特殊的组合，设计者要根据企业的要求和实际情况增加进来。如图 2-1-131、图 2-1-132 所示，世界 500 强企业威达信集团（Marsh & McLennan Companies，MMC）品牌形象换新，重新使用公司的全称"Marsh & McLennan Companies"，取代使用了超过 20 年的简称同时也是股票代码——"MMC"。此外，威达信还公布了新的企业标志：多面型的"M"。除了集团标志，这个"M"也将作为子公司达信、佳达、美世和奥纬咨询的 Logo 使用，形成子公司和母公司品牌形象的一致性。换标之前，威达信集团的子公司 Logo 都是使用纯大写字体的 Logo，并且都是同一种字体。如今，这些纯字体 Logo 在新 Logo 中配上"M"图形继续保留。

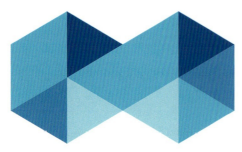

图 2-1-131　威达信集团标志　　　　　图 2-1-132　威达信集团标志与标准字体组合

3. 禁止组合规范

（1）在规范的组合上增加其他造型符号。
（2）规范组合中的基本要素的大小、位置等发生任何形式的变换。
（3）基本要素规范以外的处理，如标志加框、立体化、网线化等。
（4）规范组合的字距、字体变形、压扁、斜向等改变。
（5）组合中的任何规定之外的其他变化。

各企业可根据自己的实际需要，进行各种组合设计，并不要求一成不变，如图 2-1-133。

微课18　基本要素整体组合

图 2-1-133　基本要素组合设计

二、知名案例：丹麦 Super Best 食品超市形象识别系统

如图 2-1-134 所示，这是由丹麦的 Scandinavian 实验室设计的 Super Best 食品超市形象识别系统，这个超市以食品作为主要的经营对象，是丹麦人选购食品的首选去处。

标志由一个装满新鲜食物的购物袋构成，配以寓意新鲜、高品质、美味可口的绿色系。标志设计富有亲和力，购物袋里露出的叶子形象地体现了企业经营特色。倾斜的构图加上醒目的字体，凸显出活力与健康的概念。这样的设计行之有效地将其与其他竞争对手区分开。

该方案的设计理念是"新鲜、营养、健康的食物让生活如此快乐"，寻求的是一个直观、真实、具有高识别度的视觉形象，无论是对内还是对外，都能够被灵活地应用于名片、购物袋、员工制服、店内布置、广告牌、门店外墙等各种可以想象到的场合。

图 2-1-134
超市基本组合应用

三、实训任务：中正一和金属装饰制品有限公司基本要素组合设计

为适应视觉传达的不同项目、场合、环境、具体材料、工艺、尺寸范围等的需要，需将所有视觉基本要素（企业标志、中英文标准字体、标准色、辅助线饰等）做多种组合规范，使企业视觉形象在任何情况下始终保持统一，便于企业形象宣传推广。

1. 标志与企业中英文简称组合（横、竖排）

（1）标志竖式排列时，以中文简称外侧竖线高度为基本单位 A，来规范标志各要素之间的位置、间距、比例关系，如图 2-1-135、图 2-1-136 所示。

（2）X：Y = 1：1.5（图形标志凤纹的长宽比例）。

图 2-1-135　标志与企业中英文简称组合（横排）及规范

图 2-1-136　标志与企业中英文简称组合（竖排）及规范

2. 标志与企业中英文全称组合（横、竖排）

为保持标志独立性，保证视觉传达效果，在实际应用中，标志与企业中英文全称四周应保留一定的空白空间（不可侵犯区域），同时为规范化应用，标注了各元素组合尺寸关系。

（1）标志与企业中英文全称组合（横、竖排），如图 2-1-137 所示。

（2）标志与企业分公司中英文全称组合（横、竖排），如图 2-1-138 所示。

图 2-1-137　标志与企业中英文全称组合

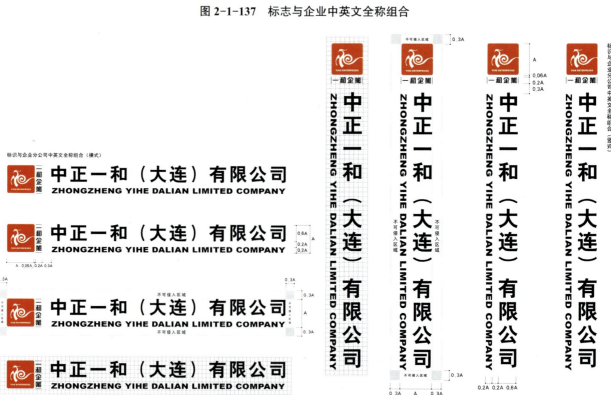

图 2-1-138　标志与企业分公司中英文全称组合

（3）标志与企业产品展示厅中英文全称组合（横、竖排），如图2-1-139所示。
（4）标志与企业经营项目宣传字体组合（横、竖排），如图2-1-140所示。

图 2-1-139　标志与企业产品展示厅中英文全称组合

图 2-1-140　标志与企业经营项目宣传字体组合

3. 标志与辅助线饰组合（横、竖排）

为适应视觉传达的不同项目、场合、环境、具体材料、工艺、尺寸范围等的需要，需将所有视觉基本要素（企业标志、中英文标准字体、标准色、辅助线饰等）做多种组合规范，使企业视觉形象在任何情况下始终保持统一，如图 2-1-141 所示。

4. 标志、企业中英文全称与辅助线饰组合（横、竖排）

为适应视觉传达的不同项目、场合、环境、具体材料、工艺、尺寸范围等的需要需将所有视觉基本要素（企业标志、中英文标准字体、标准色、辅助线饰等）做多种组合规范，使企业视觉形象在任何情况下始终保持统一，如图 2-1-142 所示。

图 2-1-141　标志与辅助线饰组合

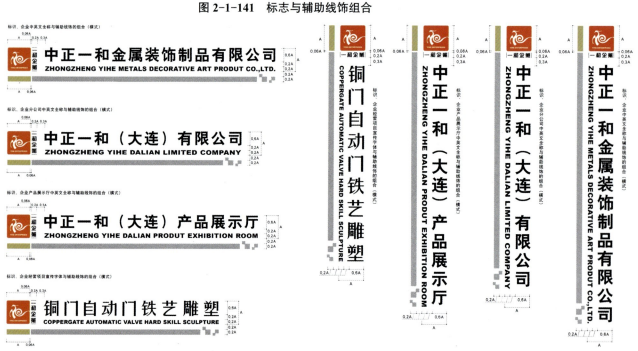

图 2-1-142　标志、企业中英文全称与辅助线饰组合

5. 视觉基本要素错误组合

一些习惯行为或不同的个人主观意见，以及对企业 VI 的重要性认识不够所导致的传达不规范现象，都会影响到企业对外宣传形象的一致性，如图 2-1-143 所示，这些视觉基本要素的错误组合范例在实际应用中应严格避免，以免对企业形象造成负面影响。

图 2-1-143　视觉基本要素错误组合

课后习题

1. 简述基本要素整体组合应符合哪些规定，包括哪些组合形式，设计时应遵循怎样的设计规律。
2. 根据所学基本要素整体组合设计项目知识内容，延续之前项目继续设计并制作：
（1）标志与标准字体组合，标志与企业中英文简称、中英文全称组合（横、竖排）及其标准制图。
（2）标志与品牌名称（中英文）组合及其标准制图。
（3）标志与辅助图形、辅助线饰组合（横、竖排）及其标准制图。
（4）标志与吉祥物多种组合模式。
（5）标志与企业名称或品牌名称及企业宣传口号、广告语等的组合。
（6）标志与企业名称及地址、电话号码等资讯的组合。
（7）多种基本要素禁止组合模式。
设计要求：
（1）基本要素整体组合应保证统一、系统、标准化、规范化。
（2）编排要有自己的个性和风格，保持彼此间相互映衬、相互作用的关系。
（3）各基本要素组合编排应考究、精致、美观。

PROJECT TWO

项目二 | VI应用设计

项目概述

VI的应用设计项目是VI体系的重要内容,是将基础设计系统各要素借助不同媒介的应用进行表现,能够完美地呈现并传递企业整体视觉形象,其内容广泛涉及办公、广告、包装、建筑等不同领域。本项目将以具体实训任务为例,围绕办公文化用品、公共关系应用、产品包装、广告宣传、建筑环境、服装服饰以及交通运输设备七大项目分别进行解析。

项目目标

通过大量知名案例和具体实训任务操作为学生详细阐述VI应用设计中各部分知识结构、设计流程及规范标准等,帮助学生准确掌握VI应用设计的形式和方法,掌握VI应用系统设计原则,完成VI应用项目设计与制作。

项目重点

办公文化用品、公共关系应用、产品包装、广告宣传、建筑环境、服装服饰、交通运输与设备的VI设计。

VI应用项目设计使基本要素的应用具有一系列易于操作与管理的标准化模式,设计目标是使形象要素的表现有效地配合企业行为,最大限度地运用好企业内外、各个层次的视觉接触面,是一个庞大的系统。在开展应用项目设计之前,应当根据企业的现状及未来的发展做出应用项目的规划,规划要体现应用项目整体的灵活性、变通性以及项目个体的相对独立性,避免单纯复制设计形式与盲目追求大项目开发数量的情况。图2-2-1至图2-2-6所示为AGRIVOC农场果园的标志及其应用系统的设计。

图 2-2-1　AGRIVOC 农场果园品牌标志

图 2-2-2　AGRIVOC 农场果园应用系统设计（一）

图 2-2-3　AGRIVOC 农场果园应用系统设计（二）

图 2-2-4　AGRIVOC 农场果园应用系统设计（三）

图 2-2-5　AGRIVOC 农场果园应用系统设计（四）

图 2-2-6　AGRIVOC 农场果园应用系统设计（五）

子项目一　办公文化用品设计

一、知识点

办公文化用品虽是一些细小琐碎的物件，但能体现企业的独特个性与整体形象，影响着企业内外员工对企业形象的认知。在实际开发中，可以根据企业的规模、经营状态以及经营特色来决定具体的办公事务系统设计项目内容和数量。基础要素及其组合要有合理的结构，做到既突出形象又便于使用。充分考虑各种办公用品的使用与传播方面的特性，注意这些载体在形式材质、加工工艺等方面的规范与限制，创造性地发挥视觉传达的效果。同时，要严格执行基础元素的应用规范，在整体版式编排上多做推敲，力求传达出企业的个性与品位，赢得大众的好感与尊敬。

办公用品包括名片、信纸、信封、便笺、传真纸、公文袋等事务性用品以及发票、预算书、介绍信、合同书等。

1. 名片

在现代社会中，名片的使用相当普遍，分类也比较多，没有统一的标准。最常见的分类主要有以下几种：

（1）按名片用途，名片可分为商业名片、公用名片、个人名片三类。

（2）按名片质料和印刷方式，名片可分为数码名片、胶印名片、特种名片三类。

（3）按印刷色彩，名片可分为单色名片、双色名片、彩色名片三类。

（4）按排版方式，名片可分为横式名片、竖式名片、折卡式名片及其他特殊版式名片。名片多选择横式，但竖式也经常被人们使用。因为竖式名片看起来儒雅别致，因而文化、艺术等机构使用较多。如图 2-2-7 所示为 MEDIA 品牌名片设计，该名片为折卡式名片。

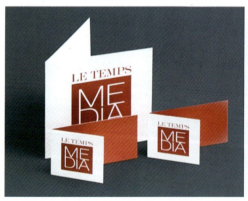 

图 2-2-7　MEDIA 名片设计

（5）按印刷表面，名片可分为单面印刷名片、双面印刷名片两类。

名片的规格：名片的标准尺寸为 55 mm×90 mm。如喜爱特殊尺寸可以在高度上进行变化。最低高度不要低于 45 mm；高过 55 mm 的造型，可考虑将多出的部分进行折叠，而宽度则不宜变化，因为大多数名片夹、名片盒都是按照标准尺寸制作的。

名片的内容包括标准标志、企业或机构名称、名片使用者的姓名和职务、企业或机构的联系方式、名片使用者的联系方式等。而文案的编排应距离裁切线 3 mm 以上，以免裁切时有文字被切掉，图 2-2-8 所示为 CONTMAN 名片设计。

随着材质的多样化和人们审美和创意思维的发展变化，名片的样式也越加多姿多彩，更加彻底地显现企业的个性，如图 2-2-9 所示。

图 2-2-8　CONTMAN 名片设计　　　　图 2-2-9　名片设计

2. 信纸

信纸是人们熟知的适用于书写的纸张，可帮助企业进行自身推广。在信纸上印制企业基本信息，如企业名称、地址、网址以及电话等，在适当位置印上企业 Logo，通过发放传播可以扩大企业的知名度，如图 2-2-10 所示。

信纸标准尺寸规格如下：

大 16 开 21 cm×28.5 cm；正 16 开 19 cm×26 cm

大 32 开 14.5 cm×21 cm；正 32 开 13 cm×19 cm

大 48 开 10.5 cm×19 cm；正 48 开 9.5 cm×17.5 cm

大 64 开 10.5 cm×14.5 cm；正 64 开 9.5 cm×13 cm

（1）信纸材料：一般的信纸用 80～100 g 的普通纸即可。特殊信纸可以采用特种纸，其色彩、肌理、质地、厚度要根据设计需要来选择。

（2）信纸印刷：根据具体情况，可考虑单色印刷或多色印刷。特殊用纸则可以使用专色印刷或多色胶印。

（3）信纸封面：一些讲究的企业，会在每一本信纸上加上一张封面。其与书籍的封面不同，因为它没有主题和内容要表现。信纸的封面可考虑将象征纹样作为基础进行设计，以装饰图形传达企业的形象信息，印刷工艺与信纸相同。

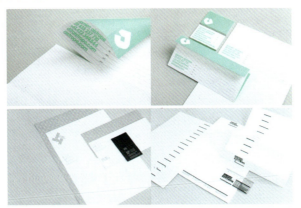

图 2-2-10　信纸设计

（4）设计要素安排：信纸中的设计要素包括企业标志、中英文名称、标准色、联系方式、装饰纹样等。设计要素的组合与名片、信封的设计可保持风格样式一致。但需要注意的是，设计时，在信纸上要留够功能区域的面积，不可让设计要素占用太多书写位置，使信纸失去原有的功能。另外，为了强化信纸的设计感和装饰性，可适当对纸面进行装饰，方法如下：

①大面积铺设底纹，显得较为华丽。

②局部铺设底纹，显得非常别致。

③为设计要素做衬底，使层次丰富。

④将纹样缩小，以散点排列，显得十分雅致。

3. 信封

（1）信封的规格：国内邮寄信封要按照邮政部门的规定尺寸进行设计。常见规格有：

小号：220 mm×110 mm（5号）；176 mm×125 mm（3号）

中号：230 mm×158 mm（7号）；230 mm×120 mm（6号）

大号：324 mm×229 mm（9号）；250 mm×176 mm

Dl：220 mm×110 mm；C6：114 mm×162 mm

不通过邮局寄送的特殊信封，规格较为随意，可根据设计需要确定尺寸。但信封尺寸的设定要与纸张的大小相配合，尽量减少浪费。

（2）信封的材料：一般信封用80～100 g的普通纸即可；中号以上的信封常用白牛皮纸或彩色牛皮纸；特殊信封可以选用80～120 g的特种纸。

（3）信封的设计：邮寄信封的设计位置和范围都是有规定的，一般只能利用信封右下角的指定位置，安排发送单位的设计要素。如果不按照要求设计，则很有可能遭到邮政部门的拒收。特殊规格的信封由于尺寸特殊，不能通过邮局寄送，以发送为主。其用途多为盛装请柬、问候卡、礼品及重要文件等，因此，在设计上也应配合用途，使设计更加讲究、印刷更加精致。普通信封的设计应与普通信纸、名片取得一致；特殊信封的设计应与特殊信纸、名片的风格相互协调和统一。图2-2-11至图2-2-13所示为品牌信纸、信封等办公用品设计。

图 2-2-11　信封设计（一）

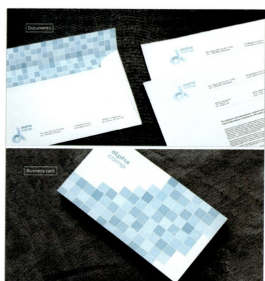

图 2-2-12　信封设计（二）

图 2-2-13　信纸和信封设计

4. 便笺

（1）便笺的规格：便笺的用途是草图、速记及记事等，不作为正式文件用纸，因此规格就不那么重要了。然而作为文头纸，为了避免浪费，往往将规格与标准信纸相结合，使用其缩小比例，如 1／2、1／3、1／4、1／6、1／9 等。也可能直接使用其他印刷品裁切下来的纸头，就更谈不上规格了。

（2）便笺的材料：便笺的材料多半为廉价的纸张或再生纸。但也有一些企业的个别部门对文头纸的要求较高，尤其是企业中的接待、客户服务等部门就不能太过节约。使用质地较好的办公用纸，也是在凸显企业的服务品质。

（3）便笺的设计：便笺的设计样式一般与信纸的设计一致。若尺寸过小，则可减少一些设计要素，甚至只使用一些装饰纹样，并做淡化处理，以腾出用于书写的功能区域。图 2-2-14、图 2-2-15 所示分别为 Telemobisie 和加拿大房地产公司的品牌信封等办公用品设计。

5. 资料类

招标书、培训教材、文件夹等企业对内、对外的资料，也应该有一个统一面貌，如此既便于管理，又能够提高办公效率，还可以把企业视觉形象贯彻渗透至方方面面。制作上可根据情况采用印刷或打印方式。图 2-2-16 所示为 Directions 旅游公司资料类办公用品设计，图 2-2-17 所示为 Woodhouse 品牌资料类等办公用品设计。

图 2-2-14　Telemobisie 信纸等办公用品设计

图 2-2-15　加拿大房地产公司办公用品设计

微课19　办公文化用品

图 2-2-16　Directions 旅游公司资料类办公用品设计

图 2-2-17　Woodhouse 品牌资料类等办公用品设计

二、知名案例：以色列 Mosbiz 网络工作室办公用品设计

Mosbiz 是以色列一家网络工作室，该网站以"设计带来改变的力量"为宗旨，通过一系列工作坊、竞赛等活动唤醒大众设计对社会、文化、经济等的影响力，活动识别系统运用了大量几何线条元素，如直线、横线、同心圆等视觉语言，部分点缀实心色块进行虚实对比，直接与设计主题呼应，并邀请全世界的人们一同参与，期望大家透过自身的创造力一同改变身处的环境，是一项具有深远意义的活动，如图 2-2-18 至图 2-2-21 所示。

图 2-2-18　以色列 Mosbiz 网络工作室标志和名片设计

图 2-2-19　以色列 Mosbiz 网络工作室办公用品设计（一）

图 2-2-20　以色列 Mosbiz 网络工作室办公用品设计（二）

图 2-2-21　以色列 Mosbiz 网络工作室办公用品设计（三）

三、实训任务:中正一和金属装饰制品有限公司办公文化用品设计

本部分是企业基本设计要素在办公用品上的具体应用规范,在实际应用中除严格规范、统一形象外,应考虑到材料、工艺的选择,办公系统形象应用应严格遵循VI设计规范,以树立完整、统一的企业形象。

(一)名片设计

1. 任务描述

名片是企业人员给外界留下的第一印象。运用基础部分的基本要素为企业设计名片,其版式、风格应严格统一规范,以确保企业对外宣传形象的一致性。

2. 名片设计示例

中正一和的名片选择了常用的名片尺寸 90 mm×55 mm,名片版面分为左右两部分,左边只放置标志和中英文简称标准字体组合,以突出企业形象。右边主要提供详细企业信息,左对齐,水平并置,分为三部分,分别为企业中英文全称、名字职位和企业信息,以不同字号和行距空间引导视觉,主次分明、功能明确。名片整体设计风格简练、素雅,信息传递清晰明确,体现了企业特点,如图 2-2-22 至图 2-2-25 所示。

企业中不同级别名片主要以辅助线饰的色彩变化加以区分,部门经理及其以上级别,辅助线饰色彩为印金;部门经理以下,辅助线饰色彩为标准灰。名片中色彩为企业标准色,辅助色,专色印刷,材质选用 220 g 超白刚古纸或自行选择其他超白纸。

图 2-2-22 中正一和企业名片

图 2-2-23 中正一和企业名片规范

图 2-2-24 中正一和企业子公司名片

图 2-2-25
中正一和企业子公司名片规范

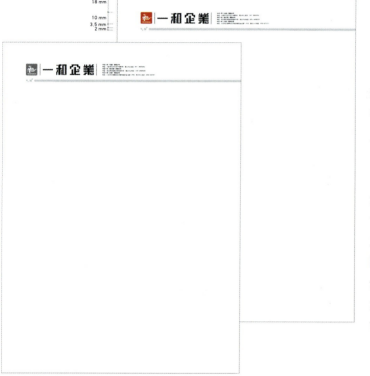

图 2-2-26　中正一和企业信纸设计

（二）信纸设计

1. 任务描述

信纸是一种切割成一定大小，适于书信规格的书写纸张。在信纸上印有企业基本信息，如企业名称、地址、网址以及电话等，可以进行企业宣传，运用基础部分的基本要素为企业设计名片，其版式、风格应严格统一规范，以确保企业对外宣传形象的一致性。

2. 信纸设计示例

中正一和采用规格为 210 mm × 285 mm 的信纸，运用标志与企业简称组合、象征图形、底纹、各分公司地址和电话等元素。信纸中心处用浅色、放大的企业标准标志为底纹，既与整体风格保持一致，与辅助图形的搭配使用，又巧妙地将信纸的功能区域清晰划分，企业信息区域和书写区域明确而突出。信纸色彩为企业标准色、辅助色，材质选用 80 g 胶版纸，以专色印刷或单色印刷呈现，如图 2-2-26 所示。

（三）信封设计

1. 任务描述

信封是人们用于邮递信件、保护信件内容的一种交流文件信息的袋状装置。信封通常被制作成长方形的纸袋。信封也是向外传递企业信息的一种方式，运用基础部分的基本要素为企业设计信封，其版式、风格应严格统一规范，以确保企业对外宣传形象的一致性。

2. 信封设计示例

中正一和的信封设计延续清晰、素雅的风格，与其他办公用品风格一致，分为企业专用信封和企业专用航空信封。其设计需依照国家邮政管理部门规定，在标准允许范围内进行。邮政编码框、贴邮票处及寄信人邮政编码依标准统一放置，如图 2-2-27、图 2-2-28 所示。信封规格为国标五号信封，尺寸为 220 mm × 110 mm，信封色彩为企业标准色、辅助色，采用 120 g 胶版纸，专色印刷。

图 2-2-27
企业专用信封

图 2-2-28
企业专用航空信封

（四）便笺设计

1. 任务描述

便笺是一种小型的便于携带、书写的纸，其纸质、颜色、形状、大小不一，运用基础部分的基本要素为企业设计便笺，其版式、风格应严格统一规范，以确保企业对外宣传形象的一致性。

2. 便笺设计示例

根据便笺使用特点，中正一和的便笺设计简练、素雅，承继信纸风格，减少信息量表现，只以标志和标准字体组合、标志底纹传递企业形象，书写区域清晰明确。便笺规格为 125 mm×95 mm，色彩为企业标准色、辅助色，采用 70 g 胶版纸，专色印刷或单色印刷，如图 2-2-29 所示。

图 2-2-29 企业便笺设计

（五）资料类及其他设计

1. 企业专用档案袋

中正一和的档案袋封面设计与便笺版式设计一致，下部有档案袋信息，封底右下角部分有详细的企业信息传达。档案袋规格为 325 mm×244 mm×34 mm，色彩采用企业标准色、辅助色，采用牛皮纸或 120 g 胶版纸，以专色印刷或单色印刷，如图 2-2-30 所示。

2. 企业专用对外传真纸和合同用纸

中正一和的对外传真纸和合同用纸以企业辅助图形划分为两个功能区域，上方为企业信息传达区域，下方为书写内容区域。纸张规格为 210 mm×297 mm，采用 80 gA4 复印纸，以专色印刷或单色印刷，如图 2-2-31、图 2-2-32 所示。

3. 企业员工工作证

中正一和员工工作证设计为双面，如图 2-2-33、图 2-2-34 所示。

规格：86 mm×54 mm；色彩：企业标准色、辅助色

材质：PVC；印刷：丝网印刷

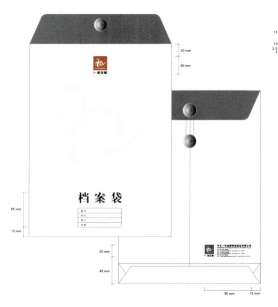

图 2-2-30　企业专用档案袋

图 2-2-31　企业专用对外传真纸

图 2-2-32　企业合同

图 2-2-33　企业员工工作证（正）

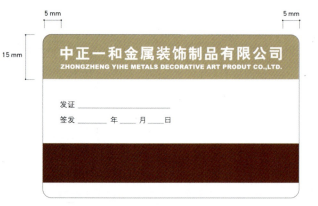

图 2-2-34　企业员工工作证（反）

4. 企业徽章、工号牌、营业人员挂带胸卡

徽章、工号牌规格：根据实际需要而定；色彩：企业标准色、辅助色

材质：不锈钢或铝板；工艺：雕刻、腐蚀或丝网印覆凝胶

吊带胸卡规格：86 mm×54 mm；色彩：企业标准色、辅助色

胸卡材质：透明塑料夹、内页印刷或打印；挂带材质：尼龙带；工艺：丝网印刷

如图 2-2-35 至图 2-2-38 所示。

图 2-2-35　工号牌

图 2-2-36　企业徽章

图 2-2-37　胸卡

图 2-2-38　挂带

课后习题

1. 企业 VI 办公用品设计系统包括哪些设计项目？了解每个设计项目的设计要求（规格、方法、材质等）。

2. 根据所学办公用品项目知识内容，延续之前项目继续设计并制作：

（1）名片（2 种不同设计）。

（2）国内标准信封（不同规格 3 个）、特殊信封 2 个。

（3）国内标准信纸（不同规格 2 个、2 种不同设计）。

（4）企业便笺（2～3 个）。

（5）资料类办公用品（档案袋、传真纸、工作牌、通行证、徽章、胸卡等任选 2～3 个）。

子项目二　公共关系应用设计

一、知识点

在现代企业运营中，具有企业形象特征的各种公关用品和赠品不但能有效促进企业的公共交流，还能体现企业实力，加强企业的形象传播，如图 2-2-39 所示，Elegans 品牌礼品设计巧妙地把标志表现了出来。

公关礼品根据实际使用目的一般分为接待用品和礼品。设计中依据不同物品的特征将企业的视觉基础元素融入其中，形成特有的风格。许多公关用品也运用在商业促销活动中，有新意的礼品设计会成为消费者追捧的对象，变成具有收藏价值的纪念品。

公关礼品是企业联络各方感情的媒介物，因此要在其上标明企业的形象要素。值得注意的是，设计时既要把标志标明，又不能破坏礼品的原有形象，应尽量使两者协调统一，图 2-2-40 所示为 emex 品牌礼品设计，图 2-2-41 为 POPKING 儿童珠宝形象设计中的礼品设计，十分有亲和力。

图 2-2-39　Elegans 品牌礼品设计

图 2-2-40　emex 品牌礼品设计　　　　图 2-2-41　POPKING 儿童珠宝礼品设计

二、知名案例：巴哈马群岛旅游形象系统设计

巴哈马群岛位于佛罗里达海峡外的北大西洋，是由 3000 多个海岛和岛礁组成的面积约 14000 km² 的联邦制岛国。

巴哈马气候温和、风景秀丽、日照时间长，当地居民穿着印满了花鸟鱼虫等图案搭配的色彩鲜艳的服装，享受着湛蓝的海水、发光的沙滩和充裕的阳光，抛却日常的压力和烦恼，感受着身体与精神的双重自由，在此生活的人们，像花鸟一样，绽放着自己最本真的美丽色彩。

　　作为以旅游为重要经济支撑的巴哈马群岛，其 Logo 的设计应强调旅游，要醒目，因此根据当地特色，其视觉形象采用了岛上各种鲜艳的花卉作为创造元素，从中剥离出具有现代感的抽象图形（花瓣形），并根据群岛的分布有机地组合排列，颜色也因岛屿的不同而有所变化，形成了独特且极具吸引力的 Logo 造型，鲜艳欢快的色彩、大小不一的图形组合，造就了巴哈马别具一格、彰显岛屿旅游特色的视觉形象。除标志设计外，巴哈马群岛的礼品设计也变化多样，Logo 的颜色及图形合理延伸，更具变化，符合实际应用，为巴哈马群岛旅游形象拓展和提升起到了关键作用。

三、实训任务：新中会公关礼品设计

　　本部分是企业视觉传达基本要素在企业公关礼品上的具体应用，设计作品在实际应用中除严格规范、统一形象外，应依实际情况选择适合的材料与工艺。

1. 任务描述

　　新中会是新世界中国地产尊贵客户专享的会员俱乐部，是新世界中国地产与客户、全社会的互动交流平台。其公关礼品设计要求清晰、有效地传递企业形象，增强各方情感联系。

2. 纪念品设计：光盘、纸杯、笔类、伞、礼品袋等

　　新中会公关礼品主要包括光盘、纸杯、笔类、伞及礼品袋等，其形式较为灵活，材料和工艺可根据实际需要而定，如笔类可采用丝网印刷的方式印上图案，而纸杯、礼品袋等纸类用品可用四色印刷方法制作。企业每个公关礼品设计都以企业辅助图形为底图，加上企业标志、广告语及网址，形成清晰、稳重的视觉效果，如图 2-2-42 所示。

图 2-2-42　新中会的礼品设计

课后习题

1. 企业公关礼品项目包括哪两大部分？了解具体设计内容。
2. 根据所学企业公关礼品项目知识内容，延续之前项目设计并制作：
（1）接待用品（饮水杯、咖啡杯、水壶、打火机、精美传单、笔记本等，任选 3～5 种）。
（2）礼品（笔类、光盘、礼品包装、伞类、丝巾、手表、保温杯等，任选 2～4 种）。

子项目三　产品包装设计

一、知识点

微课 21　产品包装

包装不仅是容纳与保护商品的器具，还是有效的信息载体与营销手段，它是企业与品牌传播自身形象的重要渠道。消费者可通过产品的外包装产生对企业形象的间接认知。产品类别的丰富多变必然导致包装的多样化。如果系统考虑包装形象并形成统一的识别与印象，货架效果将形成强势的形象传播。CI 策划可以对包装的结构、色彩、标准字体、产品名称、主体图形等元素进行整合，重点突出企业和品牌的形象特征。图 2-2-43、图 2-2-44 分别为 SugarSin 糖果店和 Vinzer 品牌包装设计。产品的造型和色彩还应体现企业的个性，同时要体现产品特性。消费者在购买商品时，包装作为商品的镜子，有时比商品本身还重要，是市场营销的工具。经常出现在消费者身边的包装设计，直接影响着企业形象。

图 2-2-43　SugarSin 糖果包装设计　　　　　　　　　图 2-2-44　Vinzer 品牌包装设计

二、知名案例：迷幻的美味——Hypnotik 巧克力包装

视频案例 3　苏格缪斯旗下 MOK

Hypnotik 是一个概念性的巧克力品牌，它丝滑的口感与独特的包装给人以深刻印象。其视觉形象主要运用光学错视效果，以简单的几何形状（层层线条组合排列成的圆形和菱形）和明亮细腻的颜色（橙、蓝、红、绿）进行表现。简约大方的图形和鲜艳的色彩，给人一种奇特的迷幻催眠氛围，带来强烈视觉冲击，令人身陷其中。

Hypnotik 巧克力产品商标富有趣味、醒目，凸显了其与众不同的个性，以独特的活跃思维向大众展现其不俗风格。Hypnotik 巧克力有四种主打口味：舒缓的绿茶、热烈的橙子、诱人的草莓、奇异的桑葚，色彩分明而又口感细腻，每一种颜色和图案都准确地描述了它的口味和特点，如图 2-2-45 至图 2-2-51 所示。

图 2-2-45　Hypnotik 巧克力标志

图 2-2-46　Hypnotik 巧克力图形及色彩表现

图 2-2-47　Hypnotik 巧克力"光学错觉"原理

图 2-2-48　Intense orange（Dark chocolate）——热烈的橙子

图 2-2-49　Soothing green tea（Milk chocolate）——舒缓的绿茶

图 2-2-50　Seductive strawberry（Milk chocolate）——诱人的草莓

图 2-2-51　Hypnotik 巧克力包装设计（组合）

三、实训任务:"扑满特区"项目包装设计

包装设计是 VI 应用部分必须涉及的项目之一,它包括企业配套产品包装及商品(包括手提袋)包装等。包装是企业与消费者沟通的桥梁,可以让消费者直观感受,也可以更有效地将企业和产品信息传递出去。本部分是"扑满特区"项目视觉传达基本要素在配套产品包装及手提袋上的具体应用表现,设计作品在实际应用中除严格规范、统一形象外,应考虑到材料、工艺的选择。

(一)纸杯、纸巾盒包装设计

1. 任务描述

"扑满特区"项目主要运用基础部分的基本要素为项目进行配套产品包装设计,纸杯、纸巾盒设计的版式、风格应严格统一规范,以确保企业对外宣传形象的一致性,同时要考虑包装的功能体现,便于消费者使用。

2. 设计成品

"扑满特区"项目中的配套产品包装应用较多,如纸杯、纸巾盒设计等。纸巾盒尺寸选择了 230 mm×120 mm×60 mm,盒面上分别将项目标志、标准字体、不同项目形象、广告语和地址、电话等元素按照视觉流程、主次关系清晰呈现,整体色彩鲜明、形象趣味、结构简洁、版面条理,企业和品牌的形象特征也被重点突出,符合 VI 整体形象的统一表述,如图 2-2-52、图 2-2-53 所示。

图 2-2-52 纸杯设计

图 2-2-53 纸巾盒设计

(二)手提袋设计

1. 任务描述

手提袋设计形式多样,一份精美的手提袋对于产品宣传和企业形象的展示尤为关键,能够帮助消费者识别选购,激发消费者的购买欲望,"扑满特区"项目手提袋设计简洁大方、色彩鲜艳、对比鲜明,充分体现了企业个性,如图 2-2-54 至图 2-2-56 所示。

2. 设计成品

"扑满特区"项目手提袋设计,采用大号手提袋尺寸 390 mm×270 mm×80 mm,手提袋正面主要放置项目标志、中英文简称标准字体、项目不同形象和项目广告语等,而侧面除有项目标志、中英文简称标准字体外,还在左下方放置了地址和电话。

项目二　VI应用设计　097

图 2-2-54　不同形象手提袋设计

图 2-2-55　手提袋结构图　　　　图 2-2-56　手提袋效果图

课后习题

1. 了解企业 VI 包装设计项目的具体设计内容（图形、色彩、排版等）。
2. 根据所学包装设计项目知识内容，延续之前项目继续设计并制作：
（1）配套包装（容器类、纸巾盒、手提袋设计等，任选 2～3 个）。
（2）系列产品包装（礼品包装盒，任选 2～4 个）。

子项目四　广告宣传设计

一、知识点

公司指南、内部刊物、企业形象广告、产品广告以及产品目录、宣传纸袋等，还有一些促销工具都属于广告宣传类。它们是推广企业视觉形象最直接、最重要的部分，也是工作量较大、变化较多的一部分内容。大量的宣传资料并不是在 VI 设计之初就能够完成的，在具体的广告活动中，将有针对性地进行宣传资料设计，并努力反映具体的广告主题。

在 VI 设计之初，设计师完成的是企业的形象广告样式，以及未来具体的广告活动中广告媒体上企业形象要素出现时的样式。由于企业形象要素在具体的广告中不是重要的诉求内容，不是广告的主体，只是广告发布者相关信息，因此在版面安排上不能占据太大的面积及主要位置，但将与具体的广告内容一起出现。

（一）印刷类广告

招贴、报纸广告、杂志广告及宣传手册都属于印刷类广告。其中，招贴与杂志广告可以印制较为精美的广告画面；而报纸广告的印制相对粗糙，在设计时要同时考虑实际的印刷条件与设计效果。这三类广告的构图较为接近，分为矩形构图和方形构图两类。其中，矩形构图又分为横构图和竖构图两种情况，比例参照黄金矩形。报纸广告略为特殊，有时会提供通栏的位置，其矩形的比例将出现类似 34.5 ∶ 12 或 34.5 ∶ 10、34.5 ∶ 8 的长条形。宣传册是必要的印刷品，设计样式较为灵活，是企业形象宣传中较为活跃的一个部分。掌握好设计的尺度和样式，将有助于提升企业形象。图 2-2-57 至图 2-2-60 所示为企业印刷类广告设计。

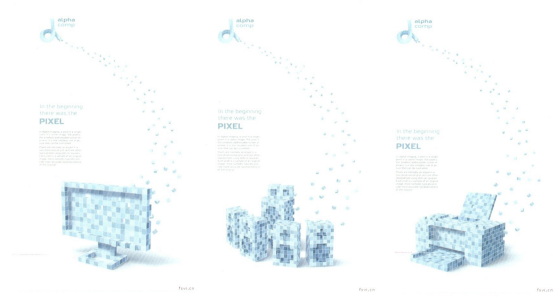

图 2-2-57　印刷类广告设计（一）

图 2-2-58　印刷类广告设计（二）

图 2-2-59　印刷类广告设计（三）

图 2-2-60　印刷类广告设计（四）

（二）户外广告

1. 路牌广告

路牌广告的材料和制作与广告塔较为接近，但设计要求与招贴类似。由于为路牌广告提供的发布媒体样式繁多，因而路牌广告的构图比例变化相当多，没有具体的规格限制。如建筑工地围墙广告、候车亭广告、人行道围栏广告、高速路边高架广告等，不一而足，如图 2-2-61 至图 2-2-63 所示。

路牌广告往往不能在 VI 设计之初为其设定准确的比例，需要根据实际情况确定。其形式可参照招贴等平面媒体的样式。

2. 广告塔

广告塔是标明企业存在的大标志，矗立在较高的建筑物或高地上。广告塔不一定要竖立在自己企业的建筑

图 2-2-61　Perm 城市候车亭广告设计

图 2-2-62　郑州万锦熙岸围栏广告设计（中南地产）

图 2-2-63　德国汉堡申办 2024 年奥运会路牌广告设计

图 2-2-64　OK hangar boutique 品牌广告塔设计

物上，可以利用别人提供的有偿制高点发布自己的形象信息。有专门传递企业品牌信息的广告塔，也有传递产品品牌的广告塔。发布企业品牌信息的广告塔的设计要素包括企业标志、名称、色彩、装饰造型等。图 2-2-64 所示为 OK hangar boutique 品牌广告塔设计。

广告塔位于较高的位置，其材料一定要能够防雨、抗风、抵御日晒，还要使用强有力的支撑架固定。在设计时，还要考虑灯光的类型和布局，夜间的效果比白天更加夺目。常用材料和工艺有大型防雨材料喷墨打印、镀锌薄钢板喷漆、液晶管集成等。设计要简洁明了，适于远距离观看。

（三）灯箱、霓虹灯、液晶显示牌广告

灯箱、霓虹灯、液晶显示牌都是广告在夜间的表现媒体。除了对企业、商品进行宣传外，还能起到美化城市夜景的作用。这些夜间广告媒体也是不固定规格的，它将根据发布广告的具体位置、条件进行设定。这类广告的设计除了要注重灯光下的特殊效果外，还要考虑白天没有灯光时的视觉效果。图 2-2-65 所示为 MINIBLACK 品牌灯箱广告设计。

图 2-2-65　MINIBLACK 品牌灯箱广告设计

微课 22　广告宣传

图 2-2-66　Restavracia-N 建筑公司网络广告设计

（四）电视、网络广告

电视广告是现代广告中最及时、最有效的媒体之一，因而大多数企业和机构都会以不同形式、不同角度并不同程度地利用电视媒体宣传自己。电视广告同前面所述的广告媒体一样，需要有基本要素的屏幕样式，在广告的最后将发布者的信息告知观众。

网络广告就是在网络上做的广告，是利用网站上的广告横幅、文本链接及多媒体，在互联网刊登或发布广告，通过网络传递给互联网用户的一种高科技广告运作方式。图 2-2-66 所示为 Restavracia-N 建筑公司网络广告设计。

二、知名案例

1. 越南联合国儿童基金会筹款平台 ZEROawards 视觉形象设计

众所周知，越南是世界上较为贫困的国家之一，每天都会有大量的儿童因为贫困、疾病等原因失去生命，为此越南联合国儿童基金会欲创建一个公益性的筹款平台，以激励更多的越南本地有实力的个人和企业慷慨解囊，为基金会提供更多的资金来帮助需要帮助的儿童。筹款平台 ZEROawards 的建立，吸引了大量本地的企业家、慈善家、明星的参与，并获得了高额的捐助资金。

筹款平台命名为"ZEROawards"，该项目呼吁每一个有能力的个人或企业伸出援助之手，而这些力量可以形象地比喻为一个数学符号"+"，随着更多的人参与将会产生无数个"+"号，最终汇聚形成了数字"0"，寓意着将预防儿童死亡数量降至 0，加强"0"的符号概念。项目 Logo 如图 2-2-67 所示。

筹款平台 ZEROawards 项目广告

视频案例 4 联合国儿童基金会 ZEROawards

项目 Logo 以点构成形式呈现，每个"+"代表一份力量，其本身又隐含了强烈呼吁更多的人加入这个公益活动的目的，帮助渴望生命的儿童重燃希望，而蓝色象征着生生不息的生命、宽广博大的胸怀和对未来的展望，让更多需要帮助的儿童重获新生，其应用部分的设计更好地诠释了这一理念，广告设计可扫描右侧二维码观看。

图 2-2-67 ZEROawards 项目 Logo

2. 澳大利亚 Optus 公司品牌形象设计——企业户外广告设计

Optus 是澳大利亚第二大电信运营商，成立于 1981 年，总部位于澳大利亚新南威尔士的悉尼。该公司主要经营 Optus 品牌，同时维护和经营 Uecomm、Alphawest 等公司。

Optus 于 1992 年首次推出了"yes"的品牌宣传语，强调 Optus 积极的态度和与消费者之间的情感联系，以此向客户保证他们能够得到用心的服务。2013 年 Optus 重塑品牌，将品牌宣传语"yes"以对话气泡的方式呈现，并推出了一个活泼可爱的吉祥物"Ollie"。但因气泡 Logo 有些不大适应现今的 Optus，并且它需要一个更加成熟中性的品牌来应对当前的战略计划，于是时隔 3 年 Optus 更换了全新的形象标志，新形象中不再出现对话气泡（以更鲜明的品牌字体呈现），如图 2-2-68 所示。但 Optus 并没有将其丢弃，而是采用另一种方式呈现它，让"yes"有了一个更加明确的作用。"yes"被赋予了更强大的生命力，"活"了起来，旗下的其他产品均以"yes"来命名，如 Yes TV、Yes Crowd、WiFi Talk Yes 等，具体可扫描右侧二维码观看。

旧　　　　　新

图 2-2-68 澳大利亚 Optus 公司新旧 Logo

Optus 公司形象设计

三、实训任务:"扑满特区"——项目视觉形象广告设计

本部分是企业基本设计要素在广告设计上的具体应用表现,在实际应用中除严格规范、统一形象外,应考虑材料、工艺的选择(所提供材料、工艺等可供参考),广告设计形象应用应严格遵循 VI 的设计规范,以树立完整、统一的企业形象。

(一)印刷广告

1. 任务描述

"扑满特区"项目的首推广告形式自然是印刷广告,印刷广告利用杂志广告、报纸广告、折页等形式对项目理念、精神、文化进行宣传发布,引起购房者的注意、共鸣,因此设计要求色彩醒目、图形表现准确、诉求点突出。

2. 报纸广告、杂志广告、折页等

报纸广告、杂志广告分别以家庭中的女人、儿童为诉求对象,以节省装修时间、满足个性空间,全能生活配套,随时放纵兴趣,多元畅达路网和优品高知社区等为诉求点进行广告创意,寻求购房者的共鸣、解决生活难题。户型折页则直接展示户型图,同时进行主形象形态展现,增加亲和力、让购房者一目了然。广告中的项目 Logo、广告语和项目具体信息规范放置,色彩采用项目标准色,以更好地宣传项目形象,如图 2-2-69 至图 2-2-72 所示。

视频案例 5　立陶宛国家旅游形象

图 2-2-69　招贴(报纸、杂志广告)

图 2-2-70　杂志广告　　　　图 2-2-71　户型折页　　　　图 2-2-72　徽章

（二）户外广告

1. 任务描述

要在固定的地点长时期地展示企业的形象及品牌，户外广告是不二之选。"扑满特区"项目在户外广告上投入了大量的精力，很好地运用这一广告媒介提升了企业和品牌的知名度。

2. "扑满特区"项目户外广告

"扑满特区"项目应用在户外广告的形式多样，包括路牌广告、灯箱广告、候车亭广告、围挡广告、广告塔、广告旗帜等，均放置在人流密集地带，其艳丽的色彩、亲和力极强的广告形象在繁华都市中清晰醒目，独树一帜，如图 2-2-73 至图 2-2-78 所示。

图 2-2-73　灯箱广告

图 2-2-74　候车亭广告

图 2-2-75　户外墙体广告

图 2-2-76　围挡广告

图 2-2-77　广告塔

户外广告材质选用室外写真布或根据实际需要选择，以喷绘、内打灯或外打灯工艺制作，色彩为企业标准色、辅助色，企业形象广告主要体现公司理念、文化和精神。规格则根据实际需要等比例缩放，企业标志、信息应按规范放置，自由设计区域内以呈现主形象形态和广告语为主，或可根据情况自由设计。

（三）企业网络广告

1. 任务描述

网络广告的应用也是项目宣传的一种重要手段，利用网站上的广告横幅、文本链接、多媒体等方法，能快速且高效地宣传项目形象。

2. "扑满特区"项目网络广告

"扑满特区"项目网络广告信息可以双向互动传播，消费者可以通过其网络广告得知有用的项目信息，扩大项目影响，商家也可以随时得到消费者的反馈信息，完善项目策划。网络广告以项目标准色为底色，图形以主形象形态为主，并辅以详细的项目信息，与整体广告风格形式一致，很好地保持了视觉形象的统一性，如图 2-2-79、图 2-2-80 所示。

图 2-2-78　项目竖旗

图 2-2-79　项目手机 APP　　　　　图 2-2-80　项目网站

图 2-2-81　售楼处广告

（四）地铁广告、机场广告、店面广告

1. 任务描述

地铁、机场、售楼处等地人员最为密集，停留时间较长，广告效应也最佳，"扑满特区"项目广告宣传当然要以展现主形象形态为主，且要强烈醒目、一目了然。

2. 地铁广告、机场广告、店面广告示例

"扑满特区"项目的地铁广告、机场广告、店面广告以展现主形象形态为主，强烈的颜色对比、可爱的项目主形象、舒心的广告语无疑为忙于工作、生活的人们带来一股清流，让人心情愉悦、通身舒畅，如图 2-2-81 至图 2-2-83 所示。

图 2-2-82　地铁广告

图 2-2-83　机场广告

课后习题

1. 企业 VI 广告宣传设计系统包括哪些设计项目？了解每个设计项目的具体内容（类别、方法、要求等）。

2. 根据所学广告宣传设计项目知识内容，延续之前项目继续设计并制作：

（1）印刷广告（招贴、报纸广告、杂志广告及宣传手册等，任选 2～4 种）。

（2）户外广告（候车亭广告、灯箱广告、户外高架广告、围挡广告、墙体广告等，任选 2～4 种）。

（3）网络广告（手机 APP 界面设计、企业网址设计等，任选 2 种）。

子项目五　建筑环境设计

一、知识点

建筑环境识别系统分为外部建筑环境和内部建筑环境。环境识别系统设计将设计由二维引向三维的综合应用环境，是企业形象的立体展示。因此，设计此类项目时，应将视觉形象基本要素与企业的具体识别信息、宣传内容相结合，综合考虑载体的特有条件，构建一个融合空间艺术的企业形象传播系统。

（一）企业外部建筑环境

企业外部建筑环境设计是企业形象在公共场合的视觉再现，是一种公开化、有特色的群体设计和体现企业面貌特征的系统。设计借助企业周围的环境，突出和强调企业识别标志，并贯彻于周围环境，充分体现企业形象的标准化、正规化和坚定性，以便在眼花缭乱的都市中使观者对企业产生好感。企业外部建筑环境主要包括建筑造型、旗帜、门面、招牌、公共设施标志牌、路标指示牌、警示牌、广告塔等。

1. 建筑造型及企业门面名称标志牌

企业的建筑外观造型及装饰，应与企业的整体形象相符。置于企业大门或建筑物墙面上的企业名称标牌，是企业的重要标志。其中包括企业标志、中英文名称、色彩等核心要素。设计时要根据具体的环境确立几个要素的组合关系以及材料和加工工艺，如图 2-2-84 所示。

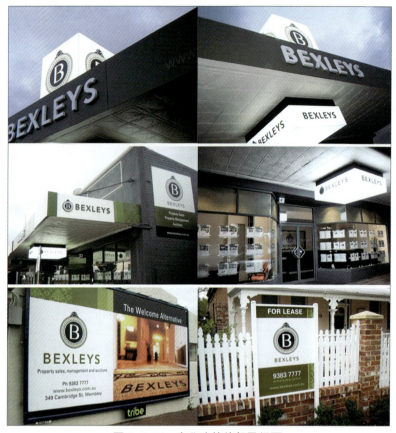

图 2-2-84　企业建筑外部及门面

2. 路标及指示牌类标志

车辆行驶、停放指示标志牌应保证有与交通管理一致的图形语言。色彩可适当与企业色协调，若有可能产生歧义，则要考虑使用交通专用色。企业的标志、名称等要素不需出现，如图 2-2-85 所示。

（1）企业方位指示牌：一般以企业标志、色彩、名称为设计要素，还包括指路语言或方向标。

（2）部门方位指示牌：如果设计空间较小，则可以不考虑企业标志、名称等要素，但企业色或辅助色一定要使用。

3. 旗帜

企业建筑外部的旗帜通常包括企业形象旗帜和竖旗。

无论企业或机构，都有一两面代表自己形象的旗帜，其称谓根据具体情况而定。如公司称为"司旗"、商店称为"店旗"、学校称为"校旗"等。

（1）司旗：

①规　格：大型企业、机构一般使用的司旗规格为 1440 mm×960 mm。中小型企业、机构一般使用司旗的规格为 960 mm×640 mm。

②材料及印制工艺：多数情况下，旗帜使用尼龙防水面料，以胶印工艺印制。质量要求较高时，可以采用特殊面料，水印工艺制作；特殊情况下，要求较高时，也可以使用绣制工艺来

图 2-2-85　路标及指示牌

制作旗帜。使用场合为室外，在企业大门或主建筑物前的旗杆上悬挂。

③司旗的设计：设计要素包括企业标志、名称、专用色彩。由于飘动中的旗帜很难看清楚太多的细节，因此设计要求简洁、明确、效果强烈，尤其要突出色彩和标志这两个核心要素，如图2-2-86所示。

（2）竖旗。竖旗又称为道旗，一般放置于道路两侧、活动场所附近的路灯、灯杆等物体上，也是为烘托气氛而使用的旗帜，分为形象旗和广告旗两类，如图2-2-87、图2-2-88所示。

图 2-2-86　司旗

图 2-2-87　15-Peru Design Net 活动形象旗

图 2-2-88　希腊 Sifnos 岛视觉旗帜

广告旗根据具体的广告主题设计，服务于具体的广告活动；形象旗则是常规用旗，在任何活动中可与不同主题的广告旗一起使用。所以在初始的设计方案中必须对形象竖旗进行设计。

①竖旗规格：竖旗的宽度一般为 750 mm，长度可根据旗帜竖立的环境及需要具体确定。灯杆竖旗的尺寸规格一般为 750～1 500 mm。

②材料和印制工艺：参照司旗。

③使用场合：可用于与本企业相关的重要活动、本企业赞助的重要活动等。如企业的周年庆典、大型展会、运动会上，可在企业内外或指定的街道悬挂灯杆竖旗。这样既可以营造热闹喜庆的气氛，又可以不失时机地宣传企业，是强化企业形象认知的良好时机和方式。

④设计要求：竖旗中的形象旗与司旗的设计从要素上讲，基本上是一致的。但由于大多数竖旗都以固定方式展开，因此整个幅面都能够完全展现，如果有足够的位置，则可以考虑加上企业标语，用于传达企业精神。其设计风格和样式与司旗一致。但司旗一般为横构图，竖旗为竖构图，设计要素的排列要与构图方向配合。

4. 广告塔

通常情况下，企业会在自己的建筑外设置广告塔，以加强宣传，增加形象的存在感，如图2-2-89、图2-2-90所示。

图 2-2-89　广告塔（一）

图 2-2-90　广告塔（二）

（二）企业内部建筑环境

企业的内部建筑环境是指接待大堂内的楼层分布图、楼梯间的楼层标志、指路标志牌、分区标志牌、办公室门牌、会议室、休息室、生产区内部环境形象等。设计时要把企业识别标志贯彻于企业室内环境，从根本上塑造、渲染、传播企业识别形象，并充分体现企业形象的统一性。企业内部环境主要包括企业内部各部门标示、企业形象牌、吊旗、吊牌、POP 广告、货架标牌等。

1. 企业形象牌

公司或店面入口处的墙体通常会悬挂企业形象牌，强调企业的形象，如图 2-2-91 所示。

图 2-2-91　企业形象牌

2. 区域指示类标志

（1）机构、部门或类别分布指示牌。此类标志对于商店、酒店、医院、机场、候车室等对外服务或公共场所尤其重要。它能有效地疏导人流，减少语言沟通所带来的麻烦。

（2）楼层或区域名牌。在多层建筑中标明楼层，可以让人们作为位置的参考，从而省去沿路记忆的负担。

设计要求：区域指示类标志的设计要素以分布内容和企业色为主，企业标志、名称等要素安排在次要位置，但要处理得当，不能显得可有可无，如图 2-2-92 所示。

图 2-2-92　区域指示类标志

3. 门牌类标志

（1）部门门牌。

（2）有关人员门牌。主要是管理层领导办公室的门牌。

（3）公用设施门牌。如盥洗间门牌等。

（4）普通门牌。如 1008 等编号牌。

设计要求：设计要素以门牌所示内容和企业色为主。公用设施门牌可以辅以图形符号或装饰纹样，帮助人们确认设施的功能或所属，如图 2-2-93 所示。

图 2-2-93　门牌

4. 警示类标志

（1）防火、防电、防滑等危险标志，最好辅以图示图形。

（2）禁烟、禁声、禁行等提示标志，最好辅以图示图形，如图 2-2-94 所示。

图 2-2-94　警示牌

二、知名案例：市原湖畔美术馆视觉形象和导示系统设计

市原湖畔美术馆坐落于日本千叶，由 Arisekkei 建筑事务所设计并于 1994 年重建，因之前的整体建筑空间布局压抑、繁杂，设计团队对其进行了大量的调整与修正，利用混凝土的粗糙面、钢折板产生的粗糙质感和一系列新建的钢壁，将内部的空间重新划分，并建立了新的浏览路线，形成了独有的原生态建筑风格。

微课 23　建筑环境

市原湖畔美术馆的整体 VI 由日本设计师色部义昭设计完成，美术馆的标志由长短不一的线条构成，其创作灵感源于美术馆旁的一个湖，当阳光照射在湖面上时，平静的湖面波光粼粼，无数水光若隐若现，加之纯朴的建筑材料、混凝土的颜色，使建筑与周围自然环境结合得十分完美，让游客能够与博物馆建立亲密的关系，如图 2-2-95 所示。

市原湖畔美术馆企业形象设计

美术馆的导示系统和标志、字体一样都由若干点连接的标记形成，形似像素状图案，拐角、曲面、凹凸不平的墙壁用白色的虚线连接，在起到导视作用的同时，空间上也显得轻松流畅。简洁明快的标记，质朴的原材料，很好地展现了作为焕发地区活力的艺术创意中心——美术馆的新形象。

图 2-2-95　日本市原湖畔美术馆标志

三、实训任务：中正一和金属装饰制品有限公司视觉形象设计

本部分是企业基本设计要素在企业内外部环境设计中的具体应用表现，在实际应用中除严格规范、统一形象外，应考虑材料、工艺的选择，描述所提供的材料、工艺等仅供参考，具体要根据实地情况对待，但要严格遵循 VI 设计规范，以树立完整、统一的企业形象。

（一）企业旗帜设计

1. 任务描述

中正一和的企业旗帜是企业形象的展现，将带有标志的旗帜放在不同场合，可突出公司规模大、资金雄厚等，起到宣传作用，其版式、风格应严格统一规范，以确保企业对外宣传形象的一致性，如图 2-2-96 至图 2-2-98 所示。

2. 司旗、挂旗、桌旗、竖旗设计

中正一和的企业旗帜主要包括司旗、挂旗、桌旗和竖旗。司旗是中正一和的标志旗，用以展示公司形象、特点，其规格为横幅比例 2∶3，尺寸（旗号）自定（如 2 号旗尺寸 1.6 m×2.4 m，旗杆 15 m）；挂旗和桌旗主要应用于企业内部，如会场、办公场所等；而竖旗常用于展会、新闻发布会、产品宣传等。旗帜色彩主要为企业标准色，规格主要依需要自定，但须按规范等比例缩放，材质为纺织品、喷绘介质或根据实际需要自由选择，丝网印刷或喷绘工艺完成。

图 2-2-96　司旗

图 2-2-97　竖旗　　　　　　　　　　　图 2-2-98　挂旗和桌旗

（二）企业形象墙、接待台设计

1. 任务描述

中正一和的企业形象墙和接待台主要是宣传企业形象、传递企业文化，让客人对公司留下深刻印象、提高企业知名度，因此设计要简洁大方、清晰明确。

2. 企业形象墙、接待台设计示例

中正一和企业形象墙和接待台的标志采用横式组合，并置于视觉明显位置（略高于视平线），因具体应用环境采取不同尺寸，标志大小依实际情况定酌。背景墙体与接待台底色为浅灰色时，标志、标准字体、辅助线饰为标准彩稿，背景墙体与接待台底色为标准色、辅助色或其他材料色等，可参照企业色彩搭配规范确定标志等的颜色，如图 2-2-99、图 2-2-100 所示。

材料参考：背板面材可选择防火板或金属板烤漆，标志、标准字体、辅助线饰采用 PVC 或亚克力材料雕刻、不锈钢烤漆或 3M 不干胶，形象墙可采用顶部外打光，具体材料的选择请依实际情况自定。形象墙及接待台具体造型可自定。

图 2-2-99　中正一和企业形象墙　　　　　图 2-2-100　中正一和企业接待台

（三）企业名称牌、营业厅时间牌设计

1. 任务描述

中正一和的企业名称牌和营业厅时间牌主要放置于企业大门或建筑物墙面，品牌形象着重呈现，如图 2-2-101、图 2-2-102 所示。

项目二　VI应用设计　111

图 2-2-101　企业名称牌

图 2-2-102　营业厅时间牌

2. 企业名称牌、营业厅时间牌设计示例

中正一和的企业名称牌和营业厅时间牌大小相似，牌面主要位置均放置企业标志和企业标准字体，主色为标准色和辅助色，与背景色灰色形成强烈对比，非常醒目。工艺上采用不锈钢或铜质板材，以金属板腐蚀添漆、烤漆或丝网印刷加工而成。

（四）企业户外指示牌、企业室内挂式导向牌设计

1. 任务描述

企业户外指示牌和室内挂式导向牌的作用是标明不同区域位置、方向，牌面内的区域文字和指向箭头要清晰明确，整体要简洁明了、美观易看。

2. 企业户外指示牌、企业室内挂式导向牌设计示例

户外指示牌通常以立柱形式出现，方便远距离观看，具有很强的导视作用。中正一和的户外指示牌、停车牌高度均为2 m，牌面标志应规范，采用标志竖式组合，并置于指示牌上部或视觉明显位置（标志大小可随具体应用环境尺寸不同而酌情考虑），符合人体工程学，如图2-2-103、图2-2-104所示。室内挂式导向牌设计不一定要有组合，但区域文字和指向箭头要同户外指示牌一样清晰明确，两者箭头形式一致，保持很好的统一性，如图2-2-105所示。

图 2-2-103　企业户外指示牌　　图 2-2-104　企业户外停车牌　　图 2-2-105　营业厅时间牌

一般情况下牌面采用辅助色浅灰色为背景色，标志、标准字体、辅助线饰为标准彩稿（牌底色为标准色、辅助色或其他材料色等，可参照企业色彩搭配规范确定标志等的颜色），工艺上选用金属板腐蚀添漆、烤漆或丝网印刷。

（五）企业标志指示系统、企业门头规范设计

1. 任务描述

企业标志指示系统具有信息传递、识别、辨别和形象传递等功能，明快齐全的功能标志牌既能给人提供方便也提高了企业管理效率。

2. 企业标志指示系统、企业门头规范设计示例

中正一和的企业标志指示系统是对常用标志、导向符号等进行的规范设计，便于人们快速了解各区域的分布状况及所在位置，在实际应用中配合室内外指示牌使用，具体应用可依规范等比缩放。材料可选用不锈钢或铝板，标志标准字体采用PVC或亚克力材料雕刻或不锈钢焊制、烤漆或腐蚀添色，指示牌内容可丝网印刷、腐蚀添色或3M不干胶雕刻。色彩选用企业标准色和辅助色，如图2-2-106所示。

企业门头规范可帮助明确单位或企业名称，方便来访者对号入座。中正一和门头牌以企业辅助图形为底，标志字体横式组合，工艺采用灯箱布贴膜或根据实际情况选择材料，如图2-2-107所示。

图2-2-106　企业标志指示系统

图2-2-107　企业门头规范

课后习题

1. 企业VI建筑环境设计系统包括哪些设计项目？了解每个设计项目的具体内容（类别、方法、要求等）。

2. 根据所学建筑环境设计项目知识内容，延续之前项目继续设计并制作：

（1）企业外部建筑环境（建筑造型、旗帜、门面、招牌、公共设施标志牌、路标指示牌、警示牌、广告塔等，任选2～4种）。

（2）企业内部建筑环境（企业形象牌、内部各部门标示牌、指示牌、吊旗、桌旗、吊牌、竖旗广告、货架标牌等，任选3～5种）。

子项目六　服装服饰设计

一、知识点

统一员工的服饰可以使企业在形象上具有强烈的整体感。可根据员工职位、工作种类设计与规范员工服饰用品，使之整齐有序。整洁、美观、富有个性的服饰，能够让员工体会到强大的凝聚力和归属感，有利于培养团队精神与奉献精神，也是对员工在行为和礼仪上的一种无形约束。

服装整体风格应与企业行业特征及企业形象概念呼应，能够表现企业形象的个性。色彩搭配与款式设计不仅要注重整体视觉效果，还应考虑工作对服装功能上的要求。企业形象的基础元素在服装上体现的位置、尺度要恰当，通过对细节的处理形成整体感。通过配饰的设计来点缀与陪衬服装，依据服装的类型合理搭配，形成整体风格。

统一的员工服装，是使员工产生归属感的一种有效手段，同时便于企业进行员工管理，并为企业带来整齐划一的视觉效果。一些企业员工由于所在企业在社会中有良好的正面形象，会以穿着其统一的制服为荣，这种例子并不鲜见。员工的服装应视其工作性质、工作岗位制定不同的样式、选用不同的面料，不能一概而论。服装造型需要注意：一要符合员工身份；二要满足人体工程学要求；三要参考流行趋势；四要注意色彩协调搭配。

1. 办公服

办公服属于企业行政办公人员的统一服装。大多采用流行的西服样式。面料以毛涤为主，色彩以黑灰、蓝灰等灰色系为主，显得端庄、沉稳、成熟，适合于办公的环境气氛，如图2-2-108所示。

图 2-2-108　办公服装设计

2. 工服

根据工种类别，工装的材料和设计有所不同。车间里的工人、商店里的售货员、酒楼里的侍应生、建筑工地的施工者，他们所处的环境和作业内容大不相同，工装的设计要顾及穿着者是否便于操作、耐脏、耐磨，除此之外，为了强化企业形象，工装的设计还要突出企业个性。建筑工地施工者服装设计如图2-2-109所示，图2-2-110所示为酒店工作服设计。

工装要求耐磨、易洗又经济，所以材料的选择大多为化纤、卡其布、牛仔布等。

图 2-2-109　建筑工地施工者服装设计　　　　图 2-2-110　酒店工作服设计

3. 礼服

当企业迎来周年庆典、公益集会等重要活动时，员工的服装就显得更为重要了。平时穿着的平实、素气的服装与活动的气氛会不相适应，需要有一套适合的节庆礼服配合相应的环境气氛，如图 2-2-111 所示。

图 2-2-111　礼服设计

4. 饰物

饰物包括帽子、领带、领结、丝巾、别针、领带夹、扣子等。饰物大小不一，材料各异，设计时要根据实际情况选用不同的视觉要素，如领带、领结、丝巾等多以企业的象征纹样为主要表现对象。而别针、领带夹、扣子等由于设计面积较小，则以放置单独的企业标志为主。图 2-2-112 所示为帽类设计，图 2-2-113 所示为马甲、领带设计，图 2-2-114 所示为围裙设计。

5. 雨具

雨具主要包括雨披、雨伞。雨披的前后两面均可以作为设计位置。设计要素应集中于前后面中心偏上的位置，这样，在穿着后，容易将形象要素显露出来。图 2-2-115 所示为雨伞、雨披设计。

图 2-2-112　帽类设计　　　　图 2-2-113　马甲、领带设计

图 2-2-114　围裙设计　　　　　　　　　图 2-2-115　雨伞、雨披设计

6. T恤

在夏季，许多企业都喜爱以文化衫作为统一着装，价廉、物美又舒适。T恤多以针织面料为主，设计形式较为活泼。图案加工方式以丝网印、转印、绣制为主，如图 2-2-116 所示。

图 2-2-116　T恤设计

二、知名案例：奥巴马竞选宣传策划

2008 年 11 月 5 日，美国各大电视网公布美国总统选举结果，奥巴马击败共和党候选人约翰·麦凯恩，正式当选为美国第四十四任总统。美国的总统选举就像展示个人实力的秀场，竞选人除了在财团支持、政治支持、个人能力方面有过人之处外，策划设计的作用也占有相当分量。其树立的政党品牌不仅代表政治团体，也代表所在党的对外形象。在不同场合的奥巴马拉票宣传活动中，整个环境统一的视觉形象使美国民众对这位黑人竞选人产生了良好的印象，可以说奥巴马精准的形象设计对成功当选美国总统起到了助推作用。

奥巴马形象的总体策划由大卫·艾克瑟洛德（David Axelrod）领衔的芝加哥设计团体负责。他们在设计中用奥巴马首个字母"O"、太阳和美国国旗为设计元素，配合竞选口号"改变就是我们的信念"。太阳在国旗中脱颖而出，预示着一个新时代的来临，颜色搭配用红色、蓝色和白色，与美国国旗的颜色相同，也是美国人民最乐于接受的颜色，既表现了忠于国家的气质，又突出了奥巴马旺盛的精力，过人的胆识，传达出的稳重、勇气和魄力使人产生信赖感。在宣传拉选票过程中，根据所在州的不同，又有针对性地设计系列标志，拉近了彼此之间的距离，为奥巴马赢得了选票。

此次总统选举在宣传策划方面，服装、应用物品上都有竞选标志的影子，通过关注细节潜移默化影响着选举的结果，虽然整个系统设计创意不算突出，在造型上没有大的突破，但这种运用 CI 的娴熟程度值得众多企业借鉴。

三、实训任务：中正一和金属装饰制品有限公司视觉形象设计

本部分是企业视觉传达基本要素在服装设计上的具体应用规范，在实际应用中除严格规范、统一形象外，应考虑服装材料、工艺的选择，严格遵循服装设计规范，以树立完整、统一的企业形象。

1. 任务描述

企业员工的着装会形成某种企业风貌，可增强向心力与凝聚力，形成特定的团队精神。统一的员工服装会使员工产生强烈的归属感，也便于管理。中正一和的服装整体简练，体现企业风格，与企业形象统一。

2. 男、女式员工制服和工作服设计

中正一和的服装款式设计大方端庄，男、女式员工制服以套装款式为主，下身灰色与上身长短袖衬衫搭配，简洁干练，非常适合办公环境。员工制服左胸佩戴统一的工号牌，工号牌显示企业 Logo、地区和工作证号码。而男、女员工工作服颜色选用企业辅助色深灰、浅灰和金色，分别代表不同工种，便于管理，如图 2-2-117、图 2-2-118 所示。

图 2-2-117　男、女式员工制服

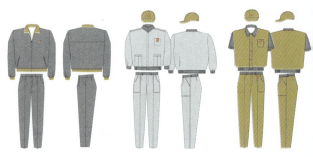

图 2-2-118　男、女式员工工作服

课后习题

1. 企业 VI 服装服饰设计系统包括哪些设计项目？了解每个设计项目的具体内容（特点、方法、要求等）。
2. 根据所学服装服饰设计项目知识内容，延续之前项目继续设计并制作：
（1）办公服一套。
（2）礼服一套。
（3）工服一套。
（4）休闲服一套（T 恤、长短袖休闲衫、背心、休闲裤等，任选 1～2 套）。
（5）饰物（帽子、领带、领结、丝巾、别针、领带夹、扣子等，任选 2～4 个）。
（6）雨具（雨伞、雨披，任选 1～2 个）。

子项目七　交通运输及设备设计

一、知识点

交通工具是活动的宣传媒体，具有展示性和流动性强的特点。由于其运动速度较快，因此出现在交通工具上的企业形象要素应当简洁明快且易于识别，在设计上保持形象元素统一的风格，采用

清晰的视觉秩序与明朗单纯的色彩组合。同时，应充分利用车体的展示面积，以适应不同的观看角度。视觉要素的排列既要体现组合规范，又要尽量符合车体结构，灵活运用辅助要素来强化形象特征，统一有序、完整地向公众传达企业的形象。图 2-2-119 至图 2-2-121 所示为企业交通运输系统形象设计。交通运输系统包括营业用车辆、运输用车辆、作业用车辆，也包括船舶、飞机等。这些运动的传播媒体，是企业形象宣传的重要渠道，要追求更高的视觉认同和识别。

　　企业专用的设备添加标志，既可以标明设备所属，又可以强化内部员工对企业视觉形象的认知。图 2-2-122 所示为 MetpoctpoN 企业设备系统形象设计，图 2-2-123 所示为 NAIS 机构设备系统形象设计。

图 2-2-119　ENEXIS 能源公司车体设计　　　　图 2-2-120　ALECTIA 车体设计

图 2-2-121　俄罗斯电信公司 Rostelecom 车体设计

图 2-2-122　MetpoctpoN 企业设备系统形象设计

图 2-2-123　NAIS 机构设备系统形象设计

二、知名案例：联邦快递 Logo 形象视觉设计

联邦快递 Logo 形象视觉设计——交通运输及设备

FedEx（联邦快递）是一家国际速递集团，每天为 200 多个城市的 300 多万名顾客服务，其中包括我国广州、上海等城市。联邦快递的新标志由旧金山 Landor Associates（朗涛）设计总监 Lindon Leader 于 1994 年设计。FedEx 是公司原名 Federal Express 的音节缩写，标志中的 E 和 x 间的负空间形成了一个向右的白色箭头，朴素和简单，代表了动态、准确，而高效和准确正是联邦快递的根本追求所在，也代表了公司的进步和思考。FedEx 集团拥有不同的业务部门，每个部门都拥有自己的字标，标志 FedEx 中的 Fed 总是紫色，而 Ex 根据部门不同而有不同的颜色，但 FedEx 集团标志是灰的。

因 FedEx（联邦快递）提供隔夜快递、地空快递、重型货物运送及物流服务等，其交通运输设施种类也很多，像大中小型货车、飞机等，以提供更为快捷的服务，统一的形象及醒目的色彩准确地传递了企业形象，发挥了品牌价值。

三、实训任务：中正一和金属装饰制品有限公司车体设计

本部分是企业基本设计要素在车体上的具体应用表现，在实际应用中除严格规范、统一形象外，应考虑到材料、工艺的选择，严格遵循 VI 规范，以树立完整、统一的企业形象。

1. 任务描述

车体是企业视觉传达的重要媒介，应严格遵照规范以宣传企业形象，工艺为喷漆或车体专用贴膜。

2. 轿车、面包车设计

中正一和的企业标志及标准字体放置于车身两侧，一侧为标志和企业中英文全称横式组合；另一侧为标志与企业中文简称组合以及公司地址与展示中心电话，如图 2-2-124、图 2-2-125 所示。

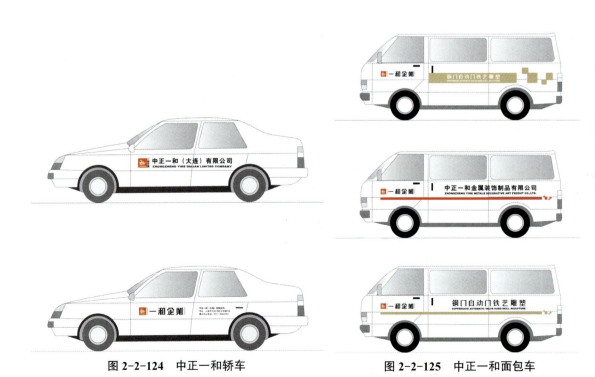

图 2-2-124　中正一和轿车　　　　　图 2-2-125　中正一和面包车

课后习题

1. 企业VI交通运输及设备设计系统包括哪些设计项目？了解每个设计项目的具体内容（特点、方法、要求等）。

2. 根据所学交通运输及设备设计项目知识内容，延续之前项目继续设计并制作：

（1）交通运输（营业用车辆、运输用车辆、作业用车辆，也包括船舶、飞机等，任选3～4种）。

（2）企业专用的设备（打印机、饮水机等，任选1～3种）。

上面所列VI应用设计类型是最常见的几种，但在实际应用中应当根据CI策划的要求进行适当的调整。如有的企业旗帜识别类的应用比较多，也会将其作为单独的系统来设计制作。

随着时代的发展与科技的进步，信息传达的形式逐渐多样化、数字化，VI的应用项目得到不断的扩展与丰富，艺术表现要求更加专业和灵活，对设计师的策划能力和表现能力也提出了更高的要求。如果我们把VI的基础部分比作生命的开始，则应用部分便是生命的成长和壮大，它是企业形象魅力真正得以充分展现的载体。它涉及的项目从二维到三维、从静态到动态，种类繁多，属性跨度较大，但是其传达个性化形象的目的是明确的。所以，VI设计的应用项目规划应当从企业的实际需要出发，避免模式化操作，通过艺术语言将每个子系统的特点充分展现出来，营造适当的心理环境，增强公众对企业的印象并提高信息的传播效率。VI是视觉的最终体现，也就是说，视觉是人们接收信息最重要和最主要的渠道。

在学习VI设计时，应当加强自身设计思维的训练和培养。事实上，设计行为就是依据设计思维进行的行为，任何设计都有拟定的目标，为达到这个目标，设计思维必须整合多方资源形成统一概念，并通过各种元素阐述目标。设计的创造性思维也是建立在概念之上的，由概念入手逐步实现目标。因此设计需要概念，系统设计更需要概念的开发和引导，概念引导着项目的实施运作。设计是围绕着概念进行的，设计的思维就是概念思维，当设计师将设计目标的概念提取为设计目标的终极概念时就形成了观念，并最终以更为简洁的符号表达出这种观念。

PROJECT THREE
项目三 VI手册及VI树设计

项目概述

设计制作VI手册是所有VI设计工作的最后阶段，整个手册的制作形成更加有利于VI系统在企业的日常运作中的应用和规范化，有利于视觉形象在传播中的一致性。VI树则是企业形象的总体展现，可完美再现企业风格。

项目目标

通过大量优秀和实训案例为学生详细阐述VI手册组成及规范标准等，明确VI手册的设计和制作方法，从设计思维的角度出发，使学生掌握每一个详细的步骤，学习完成之后以实际项目进行操作，独立完成项目VI手册及VI树的制作。

项目重点

VI手册及VI树设计。

子项目一 企业VI手册设计

一、知识点

前期企业视觉识别系统主体工程的设计完成后，可将设计内容整理编纂成册，成为VI系统即将实施管理的标准和依据，为VI运作起到指引方向的作用。因此VI手册就是一本完整、详细地阐述VI战略内容及具体作业基准的规范性指导手册，也是企业形象系统的实施指南，为VI实施提供技术保障和理论依据。编制VI手册的目的就是将企业VI信息的每个设计要素，通过简单明确的图例和说明使其统一规范化，作为实际操作、应用时必须遵守的准则，如图2-3-1所示。

图2-3-1 一汽大众VI手册

VI手册不仅提供了企业今后对外的识别形象，也是实际应用操作时标准化水平把握的关键，因此手册的制定一定要严格谨慎、详细精确、全面细致。

1. VI手册的构成

每个企业VI手册的制定都有其各自不同的规范和要求，没有绝对标准，但手册设计风格应与企业视觉形象特点保持一致，突出企业自身特色。在手册的制定中应统一结构、统一标准（规格、单位）、统一风格，避免杂乱无序、影响工作。

VI手册包括两大部分：一是手册编排装帧设计；二是手册内部结构组成。

（1）手册设计、编排完成后就将进入装帧阶段，包括手册封面、扉页、序言页（导言）、目录页、内页及封底版面的设计编排等内容，最后确定印制和装订方式。手册的版面设计形式、风格要统一，图文大小得当，各组合关系清晰有序又不失美感。手册编排要与企业整体形象呼应，体现形象的一致性，如图2-3-2至图2-3-7所示。

图2-3-2　手册封面

（2）手册内部结构组成包括如下几部分：

① 序言或导言，此部分包含企业领导致辞，企业概况，今后发展战略和发展规划，导入CI的意义、目标、原则以及企业识别系统的管理机构、管理制度和手册使用方法等。

② VI基础系统设计（基本设计要素和组合）。

③ VI应用系统设计（包括办公文化用品、指示标志类设计、服饰类设计、广告宣传类设计、环境陈设类设计、运输工具及设备类设计、公关礼品类设计、产品包装类设计等）。

图2-3-3　手册目录页

2. VI手册编制方法

（1）统一编制。将理念识别、行为识别和视觉识别统一编辑成册，并以活页式装订，以便于修正、替换或增补，如图2-3-8所示。

（2）分册编制。将理念识别、行为识别和视觉识别分开编制，各成一册。视觉识别中基本设计系统和应用设计系统也可分开编制。其中视觉识别的两册可依照基本设计系统和应用设计系统的不同，以活页的形式分编成两册，便于使用。

（3）视觉识别系统分项成册。其主要是指应用设计系统分册编制。可将企业服饰系统、企业办公系统、企业环境系统及企业宣传系统等按项目的不同分别编制，独立成册，如图2-3-9所示。

图2-3-4　手册辑封页和内页设计

图2-3-5　手册封面、封底设计

图2-3-6　手册VI应用B首页设计

图2-3-7　手册扉页设计

3. 手册的规范设计规定

为了给 VI 的导入实施工作提供详尽的标准，在 VI 设计手册中，应注明各个项目的具体制作要求。如标准标志，应出示标准制图，为精确地放大或缩小制作标志提供样式；又如信纸，应提供设计要素排列标准、信纸尺寸、材料规格、印刷要求等。再如路牌广告，无法提供具体细节规定的应用项目，实施时可根据实地情况、具体问题区分对待，但也可提出一些要求，如路牌广告周围必须保留适当空间等，如图 2-3-10 至图 2-3-12 所示。

图 2-3-8　行联投资 VI 手册统一编制

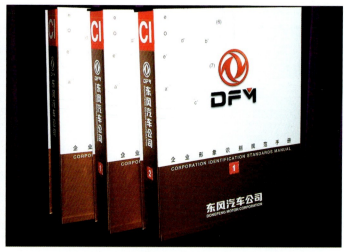

图 2-3-9　东风汽车公司 VI 手册分册设计

图 2-3-10　标志组合规范

图 2-3-11　信纸制图规范

图 2-3-12　促销广告规范

4. CI 手册的管理与维护

企业 CI 手册制作完成后，应提交企业形象系统（CI）委员会审核通过，并由委员会根据手册的项目向企业相关的管理部门发放，但 CI 手册的部分内容属于商业机密，应严格管理，不可随意泄露，特别是与企业经营战略有关的内容。与此同时，CI 手册包含企业众多信息，应在企业内外广泛宣传和推广，在执行中不断完善，便于与社会大众的沟通交流，而不应当作机密严密看管，如图 2-3-13

至图 2-3-15 所示。

另外，对 CI 手册的管理与维护也是不容忽视的问题。因为手册中一些明确列出的规定，因执行人员的认识和理解不同，常会造成一些误解或者出现解释判断方面的疑惑，甚至采取错误的施行方法。因此企业 CI 委员会设置规范化管理委员会，对其进行管理，其职责包括：

（1）使用 CI 手册过程中，对手册执行者给予适当的引导和帮助，教授其正确使用设计手册的方法。

图 2-3-13　A-100 加油站 VI 手册（一）

图 2-3-14　A-100 加油站 VI 手册（二）

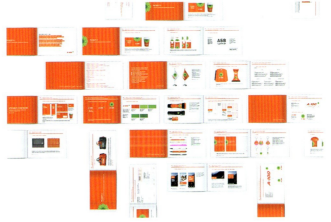

图 2-3-15　A-100 加油站 VI 手册（三）

（2）在 CI 推进中，可根据社会市场需要对手册中没有做出的规范或要素等，进行及时补充并制定新的设计用法和规定，同时根据需要给予检讨判断。

（3）在执行过程中，还可根据实际情况对设计手册中不符合实际、不准确的规定，进行修改、调整。

二、知名案例：新中会视觉识别手册设计制作

新中会，即新世界中国地产尊贵客户专享的会员俱乐部，是新世界中国地产与客户、全社会互动的交流平台。作为新世界发展有限公司的房地产发展旗舰——新世界中国，秉承新世界集团在香港地区的丰富经验和专业精神，很早便确立了成为中国最具影响力精英阶层客户组织的企业愿景，思享生活美学的品牌定位，不断探索更优越的都市居住理念，构筑便捷、多元、优越的都市精英生活，让不同阶层的家庭都能拥有更为舒适、更具品格的生活。

新中会致力于将艺术美学思想融入生活的方方面面，为人们缔造全新的都市生活方式。新中会的标志图形创作采用中英文组合，以新中会英文缩写为主，中文字体略小。"NWCLUB"中的"CL"采用重叠设计，使整个图形创作在传承中创新，突显了新世界中国地产的国际化背景和视野，加强了视野上的国际化美感。在应用中，新中会英文缩写与新世界中国地产 Logo 图形相结合，中文字体与新世界中国地产 Logo 字体保持一致。整体感觉上既有独创性，又具有企业形象的关联性。

在品牌推广维护方面，新中会也有一套属于自己的企业 VI 设计标准，基于这些标准推广可以避免品牌发生很多不必要的视觉问题，在推广统一品牌形象中，企业 VI 设计标准手册起着重要的作

新中会 VI 手册

用。新中会的手册包括品牌描述（A 部分）、识别基础系统（B 部分）、办公应用系统（C 部分）、广告应用系统（D 部分）、指示应用系统（E 部分）等，手册整体设计风格彰显了追求精致、现代、多样的高品质都市人的生活，准确、详细地规范了新中会在品牌推广中的视觉识别，为企业在后期执行落实企业视觉形象提供了依据和保障，由古伦装饰的代腾飞设计，VI 手册可以扫描左侧二维码观看。

三、实训任务

实训任务一：中正一和金属装饰制品有限公司视觉识别手册设计制作

视觉识别是传播中的关键元素。我们所设计的视觉识别系统旨在确立适合中正一和品牌定位的视觉形象，通过全面整体地对视觉识别中的每个元素和常见的不同应用予以明确规范，指导中正一和建立统一而独特的品牌形象。一和企业 VI 手册的制定，为企业的市场宣传、业务推广、品牌塑造乃至项目拓展，奠定了坚实的基础，具有重大的意义。

本手册包括基本要素系统规范（A 部分）、企业办公形象应用规范（B 部分）、外部环境形象应用规范（C 部分）、企业形象宣传应用规范（D 部分）、其他对外形象应用规范（E 部分）和再生样本附录（F 部分）六大类，分别在封面、目录、辑封及内页中呈现。手册中各元素应严格规范，不可随意变更修改，凡涉及企业形象、标志应用等，均应严格遵循 VI 手册中的规范，以树立完整、统一的企业形象。

（一）手册外观设计

1. 任务描述

企业形象视觉识别手册的封面如同书籍封面一样，既能向观者表达手册的主题、内容，又能通过整体风格、画面等视觉效果吸引观者，让人对该企业有一种直观的印象，并且起到了保护手册的作用。因此中正一和的手册封面设计应以简洁、大方为主，去除繁复的装饰，只保留企业标志、标准字体及相关文字说明，加上素净、干练的背景，确保视觉传达上清晰、准确、完整。

2. 设计过程

中正一和视觉识别手册的封面背景采用渐变的灰色为底色、淡淡的企业标志规范图形为背景图案表现，以企业辅助图形贯穿手册封面、书脊和封底，并配以企业标志，突出企业形象，识别性极强。主体文字醒目干练，与其他相关文字形成清晰的主次关系。封面整体色彩鲜明、结构简洁、版面合理，企业特征重点突出，符合企业理念的传递，如图 2-3-16、图 2-3-17 所示。

图 2-3-16　中正一和 VI 手册封面、书脊和封底设计

图 2-3-17　中正一和 VI 手册护页和扉页设计

（二）内页设计

1. 任务描述

企业形象视觉识别手册的内页从手册封面第二页开始，是手册的内容部分。内页内容应清晰明了，位置适宜，不适合添加过多的装饰图形，设计风格也需与封面统一。

2. 内页设计

中正一和视觉识别手册的内页设计包括前言页、目录页、辑封页（分项封面）、分项目录页及正文页设计。

（1）前言页主要描述企业手册制定规范要求和手册的使用指南，版面简单，文字直接表述，清晰明确。

（2）目录页的设计是将手册内容分为六大项：A——基本要素系统规范、B——企业办公形象应用规范、C——外部环境形象应用规范……金色底、反白字表现，每一项均有相应的项目名称和规范要求，在渐变灰色和标志底图的衬托下显得清晰醒目，条理有序，使人一目了然。

（3）辑封页即分项封面设计，是在目录页之后、每项具体规范之前插入的，用以提示后面内容。为保持与手册封面及目录页统一，辑封页底图颜色均沿袭了目录页，将目录页中的每一项大标题及规范要求复制到分项封面中并上置，与同前言页保持一致的分项目录页设计相辅相成、错落有致，无论色彩、明暗、版式均形成对比，不会给人以视觉疲劳感。

（4）正文页设计——内页设计。首先确定基本版式，所有正文页都要以基本版式为标准进行制作。中正一和的正文页版式包括页眉、页码、项目编号、标题、说明文字及具体的VI设计项目。上页眉由项目编号、标题、说明文字构成（使用标准等），下页眉是企业的辅助图形。同时在下书眉上方设置文字区域，可在此进行该页项目的具体文字说明或补充说明（材料工艺等），不必每页都有，视内容而定。项目编号由分项编号、分项内容和页数构成，如PART A\2\01中，PART A表示基本要素系统规范A，2表示基本要素系统规范中第二部分内容（标准字体），01表示该项目该内容的第一页。基本版式和具体项目区域结构清晰，主次分明，中正一和VI手册可扫描右侧二维码观看。

中正一和VI手册

实训任务二：北京兆龙饭店视觉识别手册设计制作——已有品牌的设计再创作

兆龙饭店是一家集客房、餐饮、娱乐、会议设施于一体的五星级商务酒店，是20世纪80年代我国香港爱国人士包兆龙、包玉刚父子投资捐赠，经国家同意后建成的。它是中国改革开放的标志性产物，也倾注了老一辈革命家改革开放、振兴旅游的期盼之情。但随着我国餐饮行业的快速发展，企业形象的统一和标准化工作更加重要，因此为提高兆龙饭店的企业形象，北京兆龙饭店在创建之后便拥有了自己的一套VI视觉识别系统。

为加强学生对企业视觉识别手册制作的重要性及操作性训练，这里决定让学生选择已有品牌进行设计再创作，对北京兆龙饭店及其原有VI视觉识别系统进行分析调研，按自己对北京兆龙饭店背景、历史文化、经营状况、服务理念等的理解，自行设计一套全新、完整的规范性视觉识别手册。

兆龙饭店VI手册

北京兆龙饭店标志取自饭店名字"龙"，由代表传统文化的龙的外形衍变而来，既暗含北京兆龙饭店特殊的历史背景，又使整个标志充满浓重的东方文化特色。颜色采用代表高贵荣誉的金色和红色，高贵、典雅，寓意着太阳的力量、中国人民的力量，也传达了北京兆龙饭店员工间的相互理解、和谐的工作状态，很好地传达了饭店的经营理念，即每一位宾客都会得到舒适、高档的优质服务。整套VI手册由基础要素系统和应用要素系统构成，从北京兆龙饭店特色出发，强调传统性、文化性、准确性和可操作性，以图解的方式对兆龙饭店的企业标志及应用物品在色彩、尺寸、材料等方面进行详细的规定，力求将独特、准确、鲜明、统一的视觉形象传达给社会公众。兆龙饭店VI手册可扫描右侧二维码观看。

课后习题

设计并制作整套 VI 手册，包括手册封面、扉页、序言页（导言）、目录页、辑封页、内页及封底版面的设计编排，并打印装订成册。

设计要求：

（1）手册编排要与企业整体形象相呼应，设计新颖。
（2）手册各部分版面形式、风格统一，图文大小得当。
（3）版面各元素不可缺少，各组合关系清晰有序又不失美感。
（4）文字表述准确、清晰、详尽，不可含糊。
（5）制作技法娴熟，手册制作精美。

子项目二　企业 VI 树设计

一、知识点

VI 树的设计在 VI 的应用系统里面占有比较特殊的地位。它将整个的 VI 系统以树的形式表现出来，当然基础部分是树根，而应用部分就是树的分支，使人很容易就能将全部系统尽收眼底，如图 2-3-18 所示。在 20 世纪 90 年代，企业 VI 树非常盛行，基本上每一本 VI 手册，都有专门的企业 VI 树页面，这很大程度受到了我国台湾地区和日本的影响。近些年，随着 VI 设计手册的内容越来越多，企业 VI 树越来越少见了，大概是由于单个 VI 树页面已经包括不了这么多内容了。其实，企业 VI 树本身还是比较有实用价值的，最大的优势是一目了然，如图 2-3-19 所示，它将 VI 设计的基础要素（标志、色彩、字体、组合）和应用要素（办公、广告、宣传、服装、车体、户外等）的精华部分汇集在一起，使得企业 VI 设计风格完整地呈现出来。如图 2-3-20 所示，北京理想创意艺术设计公司为中国邮政设计了 VI 树。

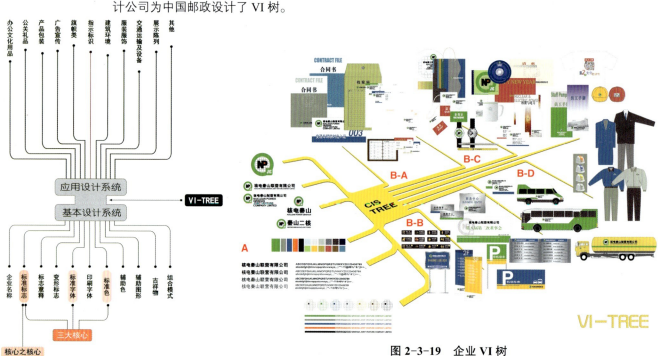

图 2-3-18　企业 VI 树

图 2-3-19　企业 VI 树

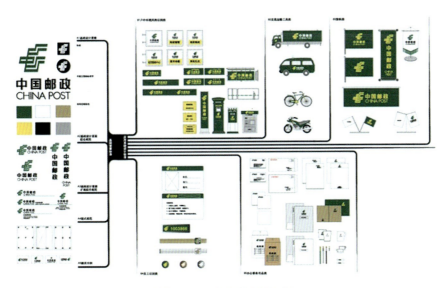

图 2-3-20　中国邮政 VI 树

二、知名案例：中国南方电网公司视觉识别系统管理手册 VI 树

中国南方电网公司（以下简称南方电网）是经国务院批准组建的特大型国有企业，电网覆盖五省区，面积 100 万 km²，供电人口 2.52 亿人，供电客户 8 497 万户。为了吸引公众注目，树立个性鲜明、文化独特的企业形象，南方电网坚持诚信、服务、和谐、创新的企业理念，适应日趋激烈的市场竞争，谋求企业更大的发展。公司在创建初期，就着手建立并逐步完善企业视觉识别系统（VI 系统）的整个策划设计工作。整套 VI 手册通过严格标准化的语言和系统化的视觉符号，将南方电网的服务宗旨、行为和功能传达给社会，以 VI 树的形式直接向社会大众传递企业形象。因此可以说这是一份指导性明确、视觉形象鲜明、操作性强的管理规范，也是公司具有法规性、指令性、基础性的管理文献。

VI 树则继承了 VI 手册的设计风格，整体严谨、醒目、规范。树冠（应用部分）如实呈现了树根（基础部分）的规范组合，将其应用在各不同媒介上，可完美地呈现企业 VI 设计风格，宣传企业形象，如图 2-3-21 所示。

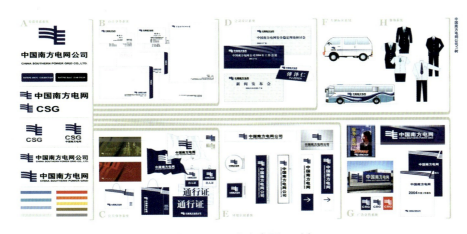

图 2-3-21　南方电网 VI 树

三、实训任务：北京兆龙饭店 VI 树的设计制作——已有品牌再创作

因是对已有品牌的设计再创作，所以北京兆龙饭店具有了独具特色的整体视觉设计系统，根据

企业理念形成了自身独特的设计风格，而 VI 树沿袭了 VI 手册的整体风格，选其精华分别将手册中基础设计系统和应用设计系统按不同区域规则放置在 VI 树的树根和树冠部分，将企业风格完整呈现，如图 2-3-22 至图 2-3-24 所示。

图 2-3-22　北京兆龙饭店基础设计系统部分展示

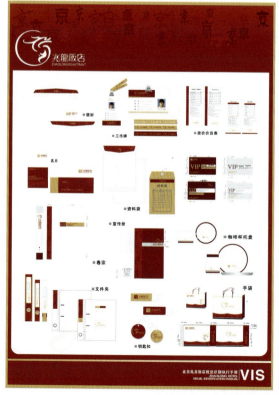

图 2-3-23　北京兆龙饭店应用设计系统部分展示

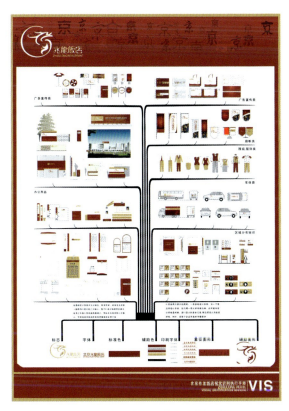

图 2-3-24　北京兆龙饭店视觉识别系统 VI 树

企业 VI 系统的实施，使企业具有完整、统一的视觉形象，并通过所有视觉传播媒介扩散出去，树立企业统一、独特、鲜明的视觉形象体系，有助于提升企业的文化层次，有助于增强全体员工的凝聚力、向心力与创造力，有助于企业在同行中脱颖而出，处于领先地位。

企业 VI 系统的实施，需要企业领导者、企业各部门以及全体员工的共同努力，严格规范、贯彻、执行，以保证 VI 系统的顺利实施，最终树立完整、统一的企业形象。

课后习题

设计并制作企业基础部分和应用部分展板各 2 张，以及一套完整的企业 VI 树。

设计要求：

（1）展板排版要与手册风格一致，各部分内容排列整齐、有序、主次得当。

（2）VI 树整体严谨、醒目、规范，体现企业整体设计风格，树干可略微变化，统一中显活泼、生动。

参考文献

[1] [日] 加藤邦宏. 企业形象革命 [M]. 艺风堂编辑部, 译. 台北: 艺风堂出版社, 1988.
[2] [日] 加藤邦宏. CI 推进手册 [M]. 艺风堂编辑部. 译. 台北: 艺风堂出版社, 1990.
[3] 艺风堂编辑部. CI 理论与实例 [M]. 台北: 艺风堂出版社, 1988.
[4] 冯云廷, 李怀. 企业形象设计 [M]. 大连: 东北财经大学出版社, 2003.
[5] 张德, 吴剑平. 企业文化与 CI 策划 [M]. 3 版. 北京: 清华大学出版社, 2008.
[6] 李瑜青. 企业文化与理念创新 [M]. 上海: 上海人民出版社, 2004.
[7] 高驰. CI 规划原理 [M]. 北京: 中国建材工业出版社, 2005.
[8] 李怀斌, 李响. 企业形象策划 [M]. 大连: 东北财经大学出版社, 2008.
[9] 王吉方. 广告策划与实务 [M]. 北京: 中国经济出版社, 2009.
[10] 汪秀英. 企业 CIS 战略的策划与实施 [M]. 北京: 首都经济贸易大学出版社, 2000.
[11] 许劭艺. 新概念 CIS 企业形象设计 [M]. 长沙: 中南大学出版社, 2011.
[12] 石千里, 姚政邑. 新概念标志设计 [M]. 北京: 教育科学出版社, 2015.